Introdução à semântica

Brincando com a gramática

Rodolfo Ilari

Introdução à semântica

Brincando com a gramática

EDITORA
CONTEXTO

Copyright© 2001 Rodolfo Ilari

Todos os direitos desta edição reservados à
Editora Contexto (Editora Pinsky Ltda.)

Preparação de originais
Camila Kintzel

Revisão
Estúdio Graal

Projeto de capa
Antonio Kehl

Dados Internacionais de Catalogação na Publicação (CIP)
(Câmara Brasileira do Livro, SP, Brasil)

Ilari, Rodolfo.
    Introdução à semântica – brincando com a gramática / Rodolfo
Ilari. 6. ed. – São Paulo : Contexto, 2006

    Bibliografia.
    ISBN 85-7244-164-6

    1. Lingüística. 2. Português – Estudo e ensino. 3. Português –
Gramática. 4. Português – Semântica. I. Título.

01-0818   CDD-469.2

Índice para catálogo sistemático:
1. Semântica: Português: Lingüística 469.2

EDITORA CONTEXTO
Diretor editorial: *Jaime Pinsky*

Rua Acopiara, 199 – Alto da Lapa
05083-110 – São Paulo – SP
PABX: (11) 3832 5838
contexto@editoracontexto.com.br
www.editoracontexto.com.br

2006

Este livro é dedicado ao Milton do Nascimento
e ao Marco Antônio de Oliveira, sem os quais,
talvez eu não me animasse nunca a terminá-lo.

Sumário

Sagacidade, argúcia e lupa

Como se fosse um retrato, este novo livro de Rodolfo Ilari desvela, para o leitor, tanto a linguagem em seu uso quanto o autor que a persegue armado de sagacidade, argúcia e lupa: não lhe escapam as filigranas dos sentidos sobre as quais passamos os olhos complacentes e cooperativos, construindo nossas compreensões e nossas respostas sem aperceber-nos dos recursos lingüísticos utilizados pelo locutor e daqueles por nós próprios manuseados na apreensão dos sentidos. Atentos aos objetivos da interlocução, e por eles iluminados, vamos em busca dos sentidos que julgamos pretendidos, mesmo quando estes parecem esconder-se por trás de outros sentidos que precisamos deslocar como se fossem véus que recobrem o sentido desejado. Às vezes, no entanto, os sentidos que construímos não correspondem aos sentidos pretendidos e somente então, quando uma "interincompreensão" se instaura, retornamos ao material lingüístico manuseado para refazermos os caminhos das significações.

Colecionando vasto material lingüístico – recortes de jornais, piadas, exemplos e exercícios com situações reais ou imaginadas – "fiel aos seus problemas favoritos", o autor vai permitindo ao leitor encontrar na materialidade da linguagem em uso "diversos pontos de paradas" em que o processamento dos sentidos pode deslizar para a incompreensão, ou, em outras palavras, fazendo perceber os sentidos outros a que não damos importância, mas que estão no dito ou no dizer como virtualidades, sempre capazes de se projetarem sobre a interlocução em curso, produzindo, no mínimo, sentidos disparatados.

É por isso que este é um livro que permite refletir sobre a linguagem, propondo práticas que se sustentam sobretudo nas capacidades intuitivas dos falantes que, orientados pela reflexão proposta, reconhecem na linguagem suas possibilidades de significar e, ao mesmo tempo, aprendem sobre a linguagem em função das rubricas sob as quais os fenômenos são agrupados. Nesse sentido, este não é um livro que ensina um conjunto de conceitos com os quais falar sobre a linguagem, mas um livro que ensina a refletir sobre os recursos lingüísticos em seu funcionamento para extrair da reflexão um conhecimento sobre a linguagem. Cada tema é tratado a partir de um objetivo explicitamente exposto, a questão sumariamente caracterizada, sem qualquer pedantismo acadêmico ou pretensão de especialista. Mas o que singulariza este livro é o conjunto de reflexões que o autor faz e leva a fazer sobre os recursos lingüísticos. É, portanto, um livro sobre "práticas de análises lingüísticas" organizadas e sistematizadas a partir de um ponto de vista particular, aquele de que se apreende sobre a língua à medida que sobre ela se reflete.

É nesse sentido que este livro é também um retrato de seu autor, ou, especificando melhor, um retrato das posições que o autor tem tomado na discussões a respeito do ensino da língua.

Já em 1973, em nota prévia à edição portuguesa de sua adaptação (somente a modéstia do autor registra como "tradução" o trabalho de adaptação que realizou) de *Linguistique et enseignement du français,* de Émile Genouvrier e Jean Peytard, para *Lingüística e Ensino do Português* (Livraria Almedina, Coimbra), Rodolfo Ilari registrava que há mais de trinta anos era duvidosa a legitimidade dos objetivos de acesso à expressão "correcta e castiça" através das técnicas de análise histórica e filológica de textos clássicos, em função da mudança dos sujeitos que passaram a freqüentar as salas de aula depois de uma generalização do acesso à alfabetização. Já então afirmava que "nossa geração assistiu à decadência progressiva da análise, à revalorização da leitura e exposição oral, de tentativas por correlacionar o aprendizado da língua falada e escrita com a prática de processos comunicativos não-verbais".

Muita água correu sob a ponte depois dos anos 1970. Como conteúdos escolares, as práticas de leitura e de produção de textos sobrepuseram-se às análises gramaticais da língua. A discussão ferrenha entre aqueles que defendiam o ensino de gramática tradicional e aqueles que lhe opunham reflexões fundamentadas nas pesquisas lingüísticas muitas vezes escondia, sob o manto do ensino ou não-ensino da gramática, a questão mais ampla do preconceito lingüístico, da insuportável aceitação de variedades lingüísticas que "fugiam da norma". Para este embate, Rodolfo Ilari contribuiu não só por seu magistério como professor e formador de lingüistas, mas também como autor constante de textos que circularam pelo Brasil – penso por exemplo em seu "Uma nota sobre a redação escolar", posteriormente incluído em sua coletânea *A lingüística e o ensino da língua portuguesa*. Sua presença nas discussões sobre o ensino importava tanto pelos temas e adequados tratamentos com que fecundava o debate, quanto por sua assinatura de pesquisador reconhecido mostrando que o tema do ensino não era uma questão menor ou apenas o espaço de diletantes ou políticos militantes.

Assentada a poeira dos anos 1980, reconhecidas as vantagens e desvantagens de um ensino de língua materna deslocado da ênfase na análise de textos clássicos ou na aprendizagem de conceitos com que falar sobre a língua, Rodolfo Ilari retorna com este livro exemplar, em que a reflexão sobre a linguagem em seu funcionamento mostra ao seu leitor os inúmeros caminhos do trabalho possível com os recursos lingüísticos disponíveis.

João Wanderley Geraldi

Explicação prévia

Uma das características que empobrecem o ensino médio da língua materna é a pouca atenção reservada ao estudo da significação. O tempo dedicado a esse tema é insignificante, comparado àquele que se gasta com "problemas" como a ortografia, a acentuação, a assimilação de regras gramaticais de concordância e regência, e tantos outros, que deveriam dar aos alunos um verniz de "usuário culto da língua". Esse descompasso é problemático quando se pensa na importância que as questões da significação têm, desde sempre, para a vida de todos os dias, e no peso que lhe atribuem hoje, com razão, em alguns instrumentos de avaliação importantes, tais como o Exame Nacional do Ensino Médio, os vestibulares que exigem interpretação de textos e o Exame Nacional de Cursos.

Alguns leitores dirão que o sentido está sempre presente quando se lê e se redige, e que nosso ensino pratica a leitura, a interpretação e a produção de textos. Mesmo assim, fico preocupado. Em primeiro lugar, porque há diferentes maneiras de trabalhar com o texto, e algumas das que prevalecem na prática pouco têm a ver com interpretação (pense-se no tipo de correção de redações mais usado, que consiste em assinalar apenas os "erros" de ortografia, concordância e regência); em segundo lugar porque o trabalho sobre textos, tal como vem sendo praticado, dá mais atenção à interpretação a que se chega, do que ao enorme repertório de conhecimentos e à variedade dos processos que mobilizamos ao interpretar; e, finalmente porque o nosso ensino foi se reduzindo, de fato, a um conjunto muito limitado de atividades, em prejuízo de outras possíveis que não são sequer lembradas.

Ao contrário do que acontece com a "gramática", simplesmente não existe em nosso ensino a tradição de tratar do sentido através de exercícios específicos, e isso leva o professor da escola média a acreditar que, nessa área, não há nada de interessante a fazer.

O propósito deste livro, que se destina aos alunos dos cursos de Letras e aos professores do ensino médio, é desfazer essa crença. Para isso, selecionei, aqui, 25 temas de semântica, propondo para cada um deles uma introdução teórica informal, e um certo número de atividades diferenciadas. O que chamo aqui de "temas de semântica" são operações que realizamos o tempo todo, sem nos preocuparmos em teorizar, quando usamos a língua no dia-a-dia.

A atividades podem ser "realizadas" com um mínimo de recursos (um caderno e uma caneta geralmente bastam), e com um pouquinho de curiosidade. Entre elas há jogos, pesquisas, discussões e leituras em que o verdadeiro protagonista é a significação. Em todos esses casos, procura-se estimular um tipo de reflexão sobre a linguagem que as pessoas praticam espontaneamente e sem complicações de terminologia (é o que já foi chamado de *atividade epilingüística*). Considerando que a linguagem é ao mesmo tempo individual e coletiva, muitas atividades convidam o aluno a comparar ou "negociar" seus resultados com os dos colegas, o que é uma boa maneira de acostumar as pessoas com o fato de que as perguntas realmente interessantes costumam ter mais de uma resposta.

Propondo roteiros de atividades muito concretos, o livro encara seu principal desafio: mostrar que há muito a fazer quando se quer trabalhar sobre o sentido. Seu elemento mais importante são, portanto, os formatos dos exercícios, e não as exposições teóricas, que têm apenas o objetivo de situá-los.

Confio que as práticas aqui propostas podem levar os leitores deste livro a "descobrir" ou "reencontrar" aspectos da linguagem que nosso ensino esqueceu por muito tempo. A atenção a esses aspectos deveria sugerir aos professores de ensino médio outras possibilidades de explorar os processos de criação de sentidos, abrindo assim perspectivas para um ensino mais criativo e mais motivador (porque a atenção dada às formas deixa de ser um fim em si) e mais completo.

As atividades voltadas para a significação não são contra outras práticas pedagógicas (por exemplo, o estudo da norma culta); caberá portanto a cada um combiná-las com as práticas pedagógicas em que mais acredita.

Concluindo esta explicação prévia, registro uma dívida: o livro deve muito à minha convivência com professores de ensino médio, no contexto de dois cursos de especialização dos quais venho participando há vários anos: o da FAFI-Varginha, e, sobretudo, o PREPES da PUC de Belo Horizonte.

Trabalhando nesse contexto com professores de ensino médio de vários estados do país, pude avaliar seu grau de informação, e isso me ajudou a definir a linguagem e a forma de apresentação que uso neste livro.

Acima de tudo, essa convivência me fez conhecer inúmeras histórias de professores que, tendo assimilado um mínimo de teoria e algumas orientações de aplicação, alteraram substancialmente sua prática pedagógica, tornando-a mais criativa e mais gratificante.

O que espero deste livro é exatamente isso: que possa ajudar seus leitores na construção de uma prática pedagógica mais criativa e gratificante.

Rodolfo Ilari

Ambigüidades de segmentação

Objetivo

Chamar a atenção para casos em que a cadeia falada é passível de segmentações alternativas, orientando para a segmentação relevante em função do contexto.

Caracterização geral

Excetuadas algumas poucas situações (por exemplo, quando se dita um texto, ou quando se confere se foi esquecida alguma palavra numa cópia), as pessoas não costumam separar palavras, na fala. Separar palavras de um mesmo texto é um hábito que adquirimos com a escrita. Nesse caso, a escrita funciona como uma análise da fala, e facilita nossa leitura. Compare-se, por exemplo, a dificuldade com que lemos a mesma frase em (1), onde não foi feita a separação de palavras, e em (2) onde as palavras foram separadas, como é habitual: em (2) é imediato reconhecer a letra de uma das mais célebres (e mais bonitas) canções brasileiras.

(1) *Meucoraçãonãoseiporquêbatefelizquandotevêeosmeusolhosficamsorrindo...*

(2) *Meu coração, não sei por quê, bate feliz quando te vê e os meus olhos ficam sorrindo...*

Material lingüístico

Há falas que se prestam a duas segmentações diferentes, resultando em sentidos diferentes:

Deu uma surra na mulher que a deixou bastante machucada. Bateu com as mãos e com a pá nela

Deu uma surra na mulher que a deixou bastante machucada. Bateu com as mãos e com a panela

Há falas que, mal segmentadas, deixam sobrar "restos" impossíveis de analisar. As primeiras palavras do Hino Nacional "ouviram" e "do" são às vezes analisadas como "O Virundum", uma palavra que pegou, como nome jocoso do Hino Nacional, mas que não faz o menor sentido.

Ouviram do Ipiranga as margens plácidas
De um povo heróico o brado retumbante

Atividades

• Jogo: é proibido, por exemplo, pronunciar a seqüência "mão". O jogo consiste em ver quem escapa mais vezes de pronunciar essa seqüência "mão" quando lhe são feitas perguntas como "Como se chama o fruto do mamoeiro?" ou "Maria é minha irmã, o que sou dela?" etc. Pode-se combinar que as pessoas têm o direito de "passar", ou que podem dar respostas diferentes, por exemplo, "papaia", ou "filho dos mesmos pais".

• Veja esta história de má segmentação: a criação da palavra busilis por Felipe Segundo da Espanha. Conta-se que, ao deparar-se com a expressão "in die busillis" (naqueles dias), no meio de uma tradução latina, o futuro rei separou "in die busillis". A partir dessa separação, ele conseguiu traduzir "in die" (no dia) mas ficou com o problema de traduzir "busillis" (que não significa nada). Até hoje, quando se quer apontar uma dificuldade, pode-se dizer, em espanhol: "aquí está el busílis", "aqui está o nó da questão".

Exercícios

1. Comece um levantamento de **jogos de palavras** baseados em segmentações alternativas. Eis alguns exemplos:

a) Há uma conhecida letra de forró que fala do gato Tico. Ou será que fala de outra coisa?
Tico mia na cama,
Tico mia no quarto

b) Há uma história sobre herança que é contada assim:
Eles morreram, e eu fiquei como herdeiro.
Por que será que esta não foi uma boa herança?

c) A dirige a B o cumprimento que segue. B se irrita. Por quê?
Meus respeitos ao senhô e a quem lhe fô da família.

2. Qual é o nome do filme?

a) O chefe da obra esbarra com o traseiro num dos serventes que estão caminhando no andaime, 60 metros acima do nível do chão. O servente cai e morre. Qual o nome do filme? (A acusada de morte/A cuzada de morte).

b) Uma chapa solta-se de um caminhão em alta velocidade e atinge um homem de cor, cortando-lhe as nádegas. Era uma vez o traseiro de um crioulo. Qual o nome do filme? (O escudo preto/O ex-cu do preto).

3. O que há de singular com estes concursos de miss?

Miss Java, Miss Japão
Miss Gana, Miss Garça,
Miss Malta, Miss Capa,
Miss Angra, Miss Obra,
Miss Pinho, Miss Pano,
Miss Barra, Miss Torno

4. Descubra mais algumas adivinhas como as que seguem:

"Quais são as gatas que andam debaixo dos pés?" – As alpargatas.
"Qual o pedaço da sacola que gruda? – A cola

5. Algumas marcas de pinga ainda trazem uma etiqueta em que se dá a idade da pessoa a partir de um jogo de palavras criado a partir de um nome e um sobrenome:

Primeiro dia — Inácio Pinto
Cinco anos — Jacinto Pinto
Cinqüenta anos — Décio Pinto
Sessenta anos — Caio Pinto
etc.
Você conhece mais alguma dessas "idades"?

6. Construa um **diálogo imaginário**, em que uma das personagens ouve mal, e portanto processa apenas parte das palavras que ouve.

7. A ambigüidade de segmentação é um dos recursos de construção da poesia contemporânea. Transcreva as passagens em que a ambigüidade de segmentação foi usada como um recurso, neste poema de José Paulo Paes:

Adivinha dos peixes

Quem tem cama no mar? O camarão.
Quem é sardenta? Adivinha. A sardinha.
Quem não paga o robalo? Quem roubá-lo.
Quem é barão no mar? Só tubarão.

Gosta a lagosta do lago? Ela gosta.
Quantos pés cada pescada tem, hem?
Quem pesca alegria? O pescador.
Quem pôs o polvo em polvorosa? A rosa.

8. Resolva este caça-palavra.

A terra de Mestre Vitalino

Mestre Vitalino viveu em Pernambuco e foi o primeiro artista plástico brasileiro a reproduzir no barro as famosas figuras nordestinas.

- O local:
  ALTO DO MOURA
- Região:
  AGRESTE de
  Pernambuco
- Principal artesanato
  local:
  FIGURAS em barro
- A maioria dos artesãos:
  DISCÍPULOS de Mestre
  Vitalino
- As figuras:
  Bumba-meu-boi
  CANGACEIROS
  PASTORAS
  RAINHA do maracatu
  Rei do maracatu

VAQUEIROS
- Outros tipos de
  artesanato:
  Frutas policromadas
  CERÂMICAS vitrificadas
- Alto do Moura está no:
  GUINNESS (o livro dos
  recordes)
- Por fazer:
  O maior CUSCUZ do
  mundo
- Culinária típica:
  BUCHADA
  CABIDELA
  CABRITO
  GUISADO
  SARAPATEL

```
P R K Y D P I L E T A P A R A S G E V J E F F R U
A W T R S C H V Y E Z H W Z J I P C S X A I F C T
Z R K X V L B A H X O X M N U S B A N G M G R J A
A V F A X E L K Y I Z S H Y S D R F B M T U Z T Z
G O V I A E L C A N G A C E I R O S S J N R U C X
M U H X D L C Z T V O C N E S C C O O I N A C R E
R Y I I V X T B V T V N O Q O S F C L D R S S R T
K D B S U G C O I B I D Y F R M T D U R G W U U S
G A C B A K W R D U Y J K T I G C U P H T D C B E
C G B L K D B N G O O N V A E R Y G I L A L Y F R
K C F V A A O Z E S M S F F U S D R C S H K P N G
A U W F C C D Y K A P O I C Q C N A S G N I X M A
F G B U C H A D A L K N U T A D O V I E I V L K B
P Y P A S T O R A S N F G R V F D H D G A W G B I
I K F W X I T A O S A C I M A R E C Q V R R T Q P
```

Caça-palavras, nº 50. Ediouro.

9. Nem todas as definições desta lista são igualmente bem-sucedidas. Por quê?

Abreviatura – ato de abrir um carro da polícia
Açucareiro – revendedor de açúcar que vende acima da tabela
Alopatia – dar um telefonema para a tia
Amador – o mesmo que masoquista
Armarinho – vento proveniente do mar
Aspirado – carta de baralho completamente maluca
Assaltante – um "A" que salta
Barbicha – boteco para gays
Barganhar – receber um botequim como herança
Barracão – proíbe a entrada de caninos
Bimestre – mestre em duas artes marciais
Biscoito – fazer sexo duas vezes
Ministério – aparelho de som de dimensões muito reduzidas
Novamente – diz-se de indivíduos que renovam sua maneira de pensar
Obscuro – OB na cor preta
Pornográfico – o mesmo que colocar no desenho
Presidiário – aquele que é preso diariamente
Pressupor – colocar preço em alguma coisa
Ratificar – transformar em rato
Razão – lago muito extenso, porém pouco profundo
Sexólogo – sexo apressado
Simpatia – concordância com a irmã da mãe
Sossega – mulher que tem os outros sentidos, mas é desprovida de visão
Talento – anda devagar
Tipica – o que o mosquito nos faz
Trigal – cantora baiana elevada ao cubo
Tripulante – especialista em salto triplo
Unção – erro de concordância verbal. O certo seria "um é"
Vatapá – ordem dada por prefeito de cidade esburacada
Viaduto – local por onde circulam homossexuais
Vidente – dentista falando sobre seu trabalho
Violentamente – viu com lentidão
Volátil – sobrinho avisando ao tio aonde vai
Caçador – indivíduo que procura sentir dor
Cálice – ordem para ficar calado
Canguru – líder espiritual dos cachorros
Catálogo – ato de apanhar as coisas rapidamente
Cerveja – é o sonho de toda revista
Cleptomaníaco – mania por Eric Clapton
Compulsão – qualquer animal com pulso grande

Contribuir – ir para algum lugar com vários índios
Coordenada – que não tem cor nenhuma
Democracia – sistema de governo do inferno
Depressão – espécie de panela angustiante
Destilado – aquilo que está do lado de cá
Desviado – uma dezena de homossexuais
Detergente – ato de prender indivíduos suspeitos
Determina – prender uma moça
Determine – prender a namorada de Mickey Mouse
Diabetes – as dançarinas do diabo
Edifício – antônimo de "é fácil"
Eficiência – estudo das propriedades da letra "F"
Entreguei – estar cercado de homossexuais
Esfera – animal feroz que foi amansado
Estouro – bovino que sofreu operação de mudança de sexo
Evento – constatação de que realmente é vento, e não furacão.
Exótico – algo que deixou de ser ótico, passou a ser olfativo ou auditivo
Expedidor – mendigo que mudou de classe social
Fluxograma – direção em que cresce o capim
Fornecedor – empresário dedicado ao ramo de atender os masoquistas
Genitália – órgão reprodutor dos italianos
Halogênio – forma de cumprimentar as pessoas muito inteligentes
Homossexual – sabão utilizado para lavar as partes íntimas
Leilão – leila com mais de dois metros de altura.
Zoológico – reunião de animais racionais

("Acabaram com o Prof. Pasquale" – mensagem recebida pela Internet)

10. Reflita sobre esta história: o que é que ela ensina sobre a importância da pontuação?

> Quando quiseram escolher o nome do filho, a mãe queria que se chamasse "Paulo"; o pai preferia "Barnabé". Discutiram muito. No fim, o pai resolveu ceder. Só pediu que a esposa refletisse algumas horas e lhe mandasse um recado por escrito. Assim ele, ao sair da fábrica, passaria no cartório para registrar o filho.
> O bilhete chegou, alegrando muito o pai, pois trazia o seguinte: "Barnabé", de maneira alguma será chamado "Paulo".
> Qual não foi a decepção da esposa quando percebeu que havia errado a colocação da vírgula... Pensava ter escrito: "Barnabé" de maneira alguma, será chamado "Paulo".

(Madre Olívia, *Prática de Português 3*. Pontuação: uso da vírgula. São Paulo, Ozón, s.d.)

Aspecto

Objetivo

Explorar, intuitivamente, os valores aspectuais dos chamados "tempos do verbo" e dos adjuntos.

Caracterização geral

As formas do verbo, em português, exprimem simultaneamente tempo, modo e **aspecto.** Aspecto é uma questão de fases. Dizemos que o verbo do português exprime aspecto porque ele nos dá a possibilidade de representar o mesmo fato, ora como um todo indivisível, ora como composto por diferentes "fases", uma das quais é posta em foco. A necessidade de falar de "fases" aparece claramente quando analisamos segmentos narrativos como este:

Quando esteve preso no Rio de Janeiro, Graciliano Ramos estava escrevendo Angústia.

Temos, aí, o que os lingüistas chamam de "esquema de incidência", por meio do qual são colocados em relação dois fatos: a prisão de Graciliano Ramos, representada como um todo indivisível e localizado, e a redação do romance, representada como uma ação que inicia antes do encarceramento do escritor, e se conclui depois de sua soltura. Uma boa representação para o esquema de incidência poderia ser esta:

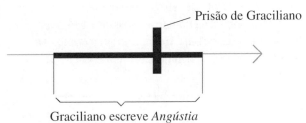

Graciliano escreve *Angústia*

(Note que o modo de representar as duas ações resultaria invertido se a frase fosse "Quando Graciliano estava preso no Rio de Janeiro, escreveu *Angústia*).

Material Lingüístico

Segundo as principais autoridades no assunto, a série de escolhas aspectuais compreende em português um aspecto perfectivo (que não reconhece fases, e se subdivide em pontual e resultativo) e um aspecto imperfectivo (que reconhece fases, e se subdivide em inceptivo, cursivo e terminativo).

perfectivo	pontual	À noite, João <u>arrumou</u> a mala.
	resultativo	Às oito, a mala <u>estava arrumada</u>.
imperfectivo	inceptivo	A criança ador<u>meceu</u> às sete.
	cursivo	João <u>estava arrumando</u> a mala.
	terminativo	João <u>terminava de arrumar</u> a mala.

Todos esses "aspectos" podem eventualmente combinar-se com a idéia de repetição (ex. A criança dormia às sete, João vivia arrumando a mala).

Além disso, os especialistas alertam que a interpretação aspectual de qualquer frase sofre o efeito de outros fatores: a flexão, a presença de certos auxiliares, a quantificação do sujeito e dos complementos e a natureza da ação descrita (algumas ações têm um completamento natural, por exemplo, "correr os cem metros"; outras não, como "correr").

Atividade

• Quando dizemos que alguém trocou um pneu furado, queremos normalmente dizer que esse alguém realizou uma série de operações, tais como retirar as calotas das rodas, tirar o estepe do porta-malas, erguer o carro com o macaco etc. Imagine que você tem um robô, e quer programá-lo para que ele troque os pneus de seu carro, obedecendo a um comando seu. A primeira coisa a fazer, nessa programação, é enumerar as diferentes operações em que consiste uma troca de pneus, ou seja, fazer uma lista completa das operações que o robô deverá realizar, sucessivamente. Faça essa lista e explique-a em seguida, utilizando a noção de "fase".

Exercícios

1. Um dos problemas de analisar os "tempos do verbo" de um ponto de vista semântico é que eles exprimem tempo, modo e aspecto **simultaneamente**. Confi-

ra essa simultaneidade, respondendo às três perguntas da coluna da direita a propósito dos verbos assinalados (note que as três perguntas se referem às alternativas mais fundamentais do tempo, modo e aspecto, respectivamente).

	Presente ou passado?	Real ou hipotético?	Perfectivo ou imperfectivo?
Chorei,			
não procurei esconder,			
todos viram;			
fingiram,			
pena de mim não precisava.			
Ali onde eu chorei qualquer um chorava.			
Dar a volta por cima, que eu dei, quero ver quem dava			

("Volta por cima" Paulo Vanzolini)

2. Você viu no início deste capítulo **(Caracterização geral)** o que vem a ser o "esquema de incidência, e viu que ele combina um verbo no perfeito do indicativo, um verbo no imperfeito do indicativo e uma conjunção temporal que indica simultaneidade. Leia este texto e decida quantas vezes o "esquema de incidência" foi aplicado.

CIA pode ter aprovado morte do "Desaparecido"
Diana JEAN Schemo
The New York Times.

Há 26 anos, enquanto as forças do general Augusto Pinochet derrubavam o governo socialista de Salvador Allende, dois americanos partidários do presidente chileno deposto foram mortos no Chile sob circunstâncias que levantaram suspeitas de envolvimento da CIA.

As autoridades americanas negaram categoricamente qualquer participação na morte dos jovens, dramatizada em 1982 no filme *Desaparecido – um grande mistério*. Forçado pela Lei de Liberdade de Informação, o governo liberou em 1980 os resultados de investigações secretas internas, fortemente censuradas com tinta preta, que pareciam isentar as autoridades americanas e chilenas da responsabilidade.

Mas agora, aquelas grossas linhas pretas foram apagadas. Incentivado pela prisão do general Pinochet em 1998, o presidente Bill Clinton

ordenou a liberação de "todos os documentos que evidenciam viola-
ções dos direitos humanos, terrorismo e outros atos de violência política durante e antes da era Pinochet no Chile". Alguns desses papéis
deixam bem claro, pela primeira vez, que o Departamento de Estado
havia concluído desde o princípio que o Governo Pinochet tinha mata-
do Charles Horman, de 31 anos, e Frank Teruggi, de 24. Além disso, os
investigadores especularam que os chilenos não teriam feito isso sem
o tácito consentimento dos serviços secretos dos EUA.

"O serviço de inteligência dos EUA pode ter desempenhado um papel
infeliz na morte de Horman", diz um dos documentos recentemente
liberados a público.

(O Estado de S. Paulo, 14.2.2000)

3. Todas as frases a seguir aludem a uma ação que tem necessariamente uma duração interna, mas algumas focalizam apenas o início dessa ação (uso "ingressivo"
do pretérito perfeito). Explique, a propósito de cada frase, qual é a ação que tem
necessariamente uma duração. Nas frases que focalizam apenas o início da ação,
aponte a expressão que leva a considerar apenas esse início.

Exemplo:

João dormiu às quatro da manhã [dormiu = adormeceu]

ação que dura: dormir

expressão que nos leva a considerar apenas o começo da ação: *às quatro da
manhã*.

a) Villa-Lobos <u>viajou</u> para a França no dia 13.8.1949, num navoi do Lloid Brasileiro.

b) O meia-armador Didi <u>jogou</u> no Real Madrid por dois anos, depois da Copa
do Mundo de 1958.

c) O candidato <u>soube</u> que tinha ganho quando começaram a ser abertas as urnas
da periferia.

d) Tom Jobim <u>morou</u> nos Estados Unidos por vários anos.

4. Ao lado das frases abaixo, foram escritos dois "adjuntos de tempo". Um deles
não serve para a frase. Aponte-o e tente explicar o que o torna inadequado.

a) A polícia descobriu o esconderijo de Prestes (em seis meses/por seis meses).

b) A polícia conhece o paradeiro dos principais chefes do narcotráfico (por seis
meses/ há seis meses).

c) O meteorito chocou-se com a superfície da Terra (às 4h 45min de uma quar-
ta-feira/por cinco horas).

d) A polícia técnica desarmou a bomba (30 segundos antes da explosão/a cada
30 segundos).

5. Nesta quadrinha, citada pelo lingüista português Manuel de Paiva Boléo, ocorre duas vezes o passado composto. Segundo a análise daquele mesmo lingüista, uma indica repetição; a outra representa um uso em que o passado composto indica duração. Identifique essas duas ocorrências. Reescreva em seguida a quadra no pretérito perfeito, e procure avaliar as conseqüências dessa mudança.

À sombra do lindo céu
Jurei, tenho jurado
Não ter outros amores
Só a ti tenho amado

6. Que diferenças você consegue estabelecer entre estas frases?
   a) Você é bobo./Você está sendo bobo.
   b) Você fuma?/Você está fumando?
   c) O motor do Escort faz barulho./O motor do Escort está fazendo barulho.
   d) A mesinha de canto é aqui./A mesinha de canto está aqui.
   e) A reunião dos condôminos é no salão de festas./... está sendo no salão de festas.
   f) A baleia amamenta./A baleia está amamentando.
   g) O Joãozinho é careca./O Joãozinho está careca.
   h) Quem paga é meu irmão./Quem está pagando é meu irmão.

7. Imagine-se na seguinte situação: você é um escritor e escreve biografias com base em pesquisas históricas. Está estudando atualmente a personagem *P*, que viveu no início do século xx. Durante a investigação, você teve acesso a um diário pessoal, em que *P* escreveu a seguinte página:

Silveiras, 2 de agosto de 1920

... Tenho tirado o maior proveito deste descanso forçado, na Fazenda da Barra. Levanto cedo, e geralmente acompanho os peões em suas tarefas matinais com o gado. Não serei encontrado na fazenda à tardinha: pelo pôr-do-sol estou caçando lebres, pescando ou simplesmente andando a cavalo. Vou com freqüência à vila, onde troco dois dedos de prosa com os sitiantes que, como eu, recorrem ao comércio local em busca de gêneros e de assunto. Um dia desses, enquanto eu estava passando de charrete pela capela de Nossa Senhora da Bocaina, cruzei com os topógrafos do governo, que está abrindo uma estrada para São José. É a vida que há muito tempo eu pedia a Deus. Mas o melhor de tudo não é a paz e a falta de atropelo: é que estou me envolvendo cada vez mais com a cunhada de um fazendeiro vizinho, à qual, por discrição, chamarei somente de ***. Também tenho tempo para ler: deixei de lado o material que trouxe do Rio de Janeiro, e estou lendo as Memórias de Além Túmulo, numa versão em dois volumes que encontrei remexendo um baú . Quando não faço nada disso, vou ver o trabalho dos camaradas que estão construindo uma ponte, sobre o Rio Bananal.

Na pesquisa histórica que está fazendo, você vai querer tomar esse texto como um documento. Pergunta-se: a partir dele, pode-se garantir:
a) Que *P* passou alguma vez de charrete pela Capela de N. S. da Bocaina?
b) Que o governo abriu uma nova estrada para São José?
c) Que *P* teve um envolvimento com uma mulher, cunhada de um fazendeiro?
d) Que *P* leu (integralmente) as Memórias de Além Túmulo?
e) Que uma ponte chegou a ser construída sobre o Rio Bananal?
f) Que *X* pescou alguma vez na vida?
g) Que *X* caçou alguma lebre em toda sua vida?
h) Que *X* acordou cedo alguma vez na vida?

8. Tente explicar por que a primeira frase de cada par é estranha, enquanto a segunda é normal:

a) Tancredo Neves tem morrido de infecção hospitalar./Muitos políticos têm morrido de infecção hospitalar.
b) O navio Titanic tem afundado quando fazia sua viagem inaugural entre a Inglaterra e os Estados Unidos/O navio de linha "Federico C" tem transportado turistas que querem festejar o carnaval em pleno mar.
c) Antes de morrer, o primeiro diretor do Masp, Pietro Maria Bardi, tem comparecido a muitas festas./Antes de morrer, o primeiro diretor do Masp, Pietro Maria Bardi compareceu a muitas festas.
d) Uma senhora de idade tem sido atropelada com conseqüências fatais neste cruzamento./Neste cruzamento tem sido atropelada, em média, uma pessoa por dia.
e) A polícia tem estado nesta casa três vezes desde que mudaram os novos moradores./A polícia tem estado nesta casa três vezes por semana, desde que mudaram os novos moradores.

9. Uma seqüência de perfeitos do indicativo serve normalmente para relatar fatos sucessivos. Leia o texto a seguir e verifique se os pretéritos perfeitos nele assinalados representam os respectivos fatos como sucessivos.

Cavalo Morto

Dia 18/1, apareceu na rua onde moro um cavalo morto. Liguei para o centro de Zoonose, onde mandaram ligar para a Limpurb, que me recomendou ligar para a AR Campo Limpo. Na regional, onde fui muito bem atendida, o funcionário disse que, em respeito a uma ordem judicial, eu precisaria de um laudo veterinário atestando que o animal não havia morrido de doença infecto-contagiosa! Pensei que fosse piada, mas não era. Eu deveria realmente contratar um médico veterinário para obter tal atestado. Voltei a ligar para o Centro de Zoonose e fui atendida pela veterinária de plantão, que me ouviu com toda a atenção, e, depois de consultar colegas, disse que esse laudo não podia ser exigido. Mandei um e-mail para a Limpurb, que respondeu estar enviando o meu pedido à regional responsável. Depois de cinco dias, não suportando mais o mau cheiro exalado pelo cadáver do animal, tornei a ligar para a AR Campo Limpo, que insistiu no laudo. Já desesperados, outros moradores e eu tentamos pôr fogo no cavalo, mas não conseguimos. Hoje (23/1), o cavalo continua na rua, coberto de moscas e de vermes. Será que isso não importa? As doenças que serão transmitidas aos moradores da região não têm importância? Quando precisamos dos serviços da Prefeitura, recebemos essas respostas absurdas, apesar dos impostos que pagamos, além de cada órgão passar a responsabilidade para outro. E nós, como ficamos? Maria Elisa Albuquerque – Campo Limpo.

(*O Estado de S. Paulo*, 8.2.2000, Seção "São Paulo Reclama")

10. (Questão do vestibular Unicamp 1998)

A frase (1) admite duas interpretações, em que se assemelha, pelo tratamento dado ao tempo, ou à frase (2) ou à frase (3).
(1) Há dez anos a formiga *Solenopsis invicta*, conhecida como lava-pé, não era encontrada no norte do Estado da Geórgia, EUA.
(2) Há dez anos não se via em São Paulo uma inundação dessas proporções.
(3) Há dez anos não havia lanchonetes da cadeia Mac Donalds em São Paulo.

Reescreva a frase (1) de duas maneiras distintas, de modo a tornar obrigatória a primeira e a segunda interpretação respectivamente.
Diga qual das duas interpretações vale no texto abaixo, esclarecendo o papel que exerce no texto como um todo.

> "*Há dez anos, a formiga* Solenopsis invicta, *conhecida como lava-pé não era encontrada no norte do Estado da Geórgia, EUA. Na realidade, há 70 anos a espécie nem vivia na América do Norte.*
> A formiga (...) originária da Argentina, Paraguai e do sul do Brasil, é uma invasora que está se espalhando num ambiente livre de inimigos naturais.

Segundo evidências históricas, o grupo fundador de lava-pés chegou aos EUA num navio sul-americano que aportou em Mobile, Alabama, nos anos 30. (...) Indícios sugerem que entre 5 e 15 rainhas desembarcaram nessa ocasião.

Embora fossem poucas, as formigas estavam bem equipadas para se movimentar no novo território.

(...) a espécie hoje habita mais de 100 milhões de hectares, das Carolinas ao Texas. Segundo previsões, irá infestar mais de 25% do território dos EUA."

("Uma formiga exótica. Espécie brasileira que invadiu os EUA
na década de 30 ameaça a biodiversidade do país", Folha de S. Paulo, 26.11.1995)

Considerando que a expressão <u>há dez anos</u> nos faz sempre voltar no tempo, mas nem sempre indica um momento, o que mais ela pode indicar?

Atos de fala

Objetivo

Sensibilizar para o fato de que ao fazermos uso de um determinado enunciado estamos sempre realizando algum tipo de ação: informar, perguntar, mostrar perplexidade, prometer, autorizar etc.

Caracterização geral

Em toda enunciação real é sempre possível distinguir:
✓ um conteúdo proposicional;
✓ uma ação feita sobre esse conteúdo;
Assim, um cartaz com os dizeres "Propriedade particular" numa cerca de arame farpado à beira de uma estrada, combina com:
✓ um conteúdo "o terreno isolado por esta cerca é propriedade particular";
✓ uma ação de advertência.

Material lingüístico

É possível realizar várias ações diferentes a partir do mesmo conteúdo utilizando os modos do verbo e outros recursos lingüísticos; assim, o conteúdo "CACHORRO + ESTAR PRESO" pode ser objeto de
✓ uma informação: "o cachorro está preso";
✓ uma pergunta: "o cachorro está preso?";
✓ uma reação de surpresa: "Minha nossa! o cachorro está preso há três dias!";
✓ uma reação de dúvida ou perplexidade: "O cachorro está preso?! De onde você tirou essa idéia?";
✓ um desejo: "Tomara que o cachorro esteja preso [ou, a esta altura já terá atacado o carteiro]";
✓ uma ordem: "Prenda o cachorro [para que as visitas possam entrar]";
etc.

É possível realizar "a mesma ação" a propósito de diferentes conteúdos: assim, neste recado deixado por um diretor a sua secretária, antes de viajar, temos cinco ordens de conteúdos diferentes:

"Dona Maria Cândida, durante minha ausência mande trocar as cortinas e providencie o conserto das tomadas; não deixe de abrir a correspondência e comunique aos clientes que estarei de volta no dia 27; fica por sua conta regar as plantas".

Atividades

- O ator russo Stanislawski, autor de um dos mais célebres métodos de formação de atores, mandava que seus alunos pronunciassem de várias maneiras uma mesma expressão (por exemplo, "esta noite"), sugerindo diferentes tipos de expectativas. Pede-se que você escolha uma frase simples (como "são três horas") e pense em maneiras diferentes de dizê-la, que deverão corresponder a ações diferentes visando o interlocutor (por exemplo: informar a hora a um desconhecido, dar a entender que o interlocutor está se atrasando para o serviço, dar a entender que é tempo de ambos saírem para tomar um café). Se necessário, insira essa fala numa pequena cena inventada. Organize-se com seus colegas para que algumas dessas cenas sejam representadas.

- As expressões "é liso que nem quiabo", "fica em cima do muro", "é do tipo que não se compromete", "não é a favor nem contra, nem muito pelo contrário" caracterizam a atitude de certas pessoas que evitam as tomadas de posição claras. Lembre-se de algum episódio em que algum conhecido agiu dessa forma. Transforme esse episódio em um breve diálogo, que você representará em seguida com seus colegas.

Exercícios

1. Junte um fragmento da primeira coluna e um fragmento da segunda, de modo que o todo faça sentido.

Julinho, vá à padaria e...	...saiam imediatamente daqui.
Digam o que vocês querem e...	...mas os objetos não dei.
O peixe não coube na geladeira de isopor...	...abro o mapa para orientar-me.
Dei dinheiro...	...venha tomar um copo de água.
Quando me perco no trânsito...	...trouxe-o no porta-malas.
Não perca a calma...	...se você me disser qual é o problema.
Todos temem que a roupa não caiba...	...na mala e que ninguém saiba fechá-la.
Talvez eu possa fazer algo por você	...traga oito pãezinhos.

2. Grife, as orações que fazem afirmações positivas a respeito de fatos. (Atenção: uma afirmação positiva pode ser verdadeira ou falsa; uma afirmação positiva pode adotar uma forma afirmativa ou negativa).

Brasília é a capital do Haiti.
Se a capital da Nicarágua for Quito, quero ser um mico de circo.
Brasília não é a capital do Brasil, nem nunca foi.
Talvez a capital do Haiti seja Tegucigalpa.
Se eu ganhasse a mega-sena!
Na Lua há um *self-service* onde a comida custa três reais o quilo.
Na Lua há água.
Nos satélites de Júpiter é possível que haja água.

3. Reflita sobre as orações grifadas.

a) Se a população brasileira encarasse o álcool como uma droga , uma parte do problema da alta criminalidade estaria automaticamente resolvida .

b) Os moradores do Recife têm permitido a construção de edifícios e estacionamentos em áreas de mangue. Se isso continuar, os recifenses terão uma péssima qualidade de vida, no futuro.

c) Uma pesquisa desenvolvida na Universidade Federal da Amazônia visou verificar se a caramboleira tem ação na redução da glicose. Em experimentos realizados com ratos, o extrato da planta reduziu até 50% o teor da glicose no sangue.

d) Algumas aplicações da chamada "visão computacional" já fazem parte do dia-a-dia , como é o caso da tomografia computadorizada. Não é difícil imaginar outras: uma delas é o acesso a dados de conta corrente por parte de um usuário localizado diante de um computador conectado à rede de um banco.

Decida se elas exprimem 1-uma constatação, 2-uma hipótese, 3-uma previsão não-condicionada ou 4-uma previsão condicionada.

4. A escola nos acostumou a pensar o imperativo como uma forma verbal que exprime ordem, mas é bastante comum que os imperativos realizem atos de fala de outro tipo. Analise os exemplos a seguir: 1) em que casos o imperativo exprime ordem? 2) qual é o sentido do imperativo, nos demais casos?

a) "Dai-me um ponto de apoio, e eu levantarei o mundo." (Arquimedes, físico grego, 3° século a.C., a propósito dos recursos que a física coloca à disposição da humanidade.)

b) "Santificado seja o vosso nome. Venha a nós o vosso reino. Seja feita a vossa vontade, assim na terra como no céu. O pão nosso de cada dia nos daí hoje." (Oração do Pai Nosso, tal como consta no Evangelho de São Mateus.)

c) "Matem todos, Deus reconhecerá os dele." (Jean de Monfort, comandante da cruzada católica que destruiu a cidade de Albi e aniquilou a chamada heresia albigense, em resposta a um oficial que ponderou que na cidade havia também católicos ortodoxos.)

d) "Cesse tudo que a musa antiga canta." (Luiz de Camões, o poeta, no primeiro canto de Os Lusíadas.)

e) "Como é para o bem do povo, e a felicidade geral da nação, diga ao povo que fico" (Príncipe D. Pedro, no episódio que ficou conhecido como "Episódio do Fico").

f) "Quem for brasileiro que me siga." (Duque de Caxias, chamando a tropa para o combate, na Batalha de Humaitá.)

g) "Multiplicai a família e tereis a pátria." (Rui Barbosa, na Oração aos Moços.)

h) "Não nos dispersemos!" (Senador Teotônio Villela, diante dos primeiros sintomas de divergência entre os grupos que tinham conseguido a realização de eleições diretas, depois de duas décadas de ditadura militar.)

5. Qualquer fala pode assumir sentidos muito específicos, conforme as circunstâncias. Explique de que modo isso se aplica ao texto abaixo, extraído da seção "Contraponto", que o jornal *Folha de S. Paulo* dedica diariamente à crônica política:

Questão de tempo

Já quase no final do jantar de reconciliação que o PFL ofereceu anteontem a FHC, formou-se uma roda em torno do presidente. Ao comentar as rusgas do partido com o Planalto, Bernardo Cabral recorreu a uma piada.

Um casal tinha apenas um jegue para conduzi-lo até a cidade onde passaria sua lua-de-mel. Logo no início da viagem, o jegue mancou de uma pata. O marido advertiu o animal:

— Jegue, esta é a sua primeira mancada. Não faça isso de novo!

A viagem continuou e o jegue voltou a mancar. Levou uma surra. Na terceira vez, o marido pegou o revólver e o matou. A mulher protestou:

— Você é um bruto. Não deveria ter feito isso com o jegue.

O marido devolveu:

— Primeira mancada!

Em seguida, Cabral emendou:

— Resta saber de quem será a primeira mancada. Do PFL ou do governo?

6. Há ações que se realizam pelo simples fato de pronunciar certas palavras de uma certa maneira, em determinadas circunstâncias. Assim, por exemplo, a frase "Eu vos declaro marido e mulher", pronunciada por um juiz de paz, muda o estado civil dos noivos de solteiros para casados. Faça um levantamento das fórmulas que são habitualmente utilizadas:

✓ para fechar um negócio;
✓ para concluir uma ligação telefônica;
✓ para mostrar ao interlocutor que estamos de acordo com aquilo que ele disse;
✓ para convidar alguém para sair para jantar;
✓ para pedir alguém "em namoro";
✓ para nomear um funcionário para um determinado cargo;
✓ para espantar um animal: cachorro, gato, galinha...;
✓ para pedir um sanduíche e um refrigerante, na lanchonete;
✓ para pedir esmola.

7. Escolha uma destas frases:

"Eu te absolvo de teus pecados, em nome do Pai, do Filho e do Espírito Santo."
"Condeno o réu a cinco anos de reclusão, nos termos da lei..."
"Defiro o pedido de inscrição na 3ª série do curso colegial do Sr. José da Silva."
"Edmundo, hoje você joga com a camisa 7, certo?"

A propósito da frase que você terá escolhido, explique em detalhes o que pretende quem pronuncia, e o que é necessário para que essa frase possa ser levada a sério, produzindo o efeito desejado.

8. Encarregado de escrever um breve texto, num cartão que deverá acompanhar um presente de casamento, você escreveu:

"Tomara que os noivos encontrem a felicidade."

Mas aí você relê o texto e se dá conta de que o texto não é muito bom. Para melhorar o cartão, você considera a possibilidade de usar outras fórmulas "optativas" em vez de: *tomara..., oxalá..., Deus queira que ..., que bom seria se ..., meus votos são de que..., os amigos .... fazem votos de que os noivos ..., desejamos aos noivos que ...* entre outras.

Comente por que você rejeitaria algumas e usaria outras.

9. Veja este texto:

Procuração

Pela presente procuração por mim feita e assinada, eu, abaixo-assinado, José de Tal, português com quarenta anos de idade, proprietário, morador na rua do Tal número tal, constituo meu procurador o senhor O. de B., a fim de receber os aluguéis das casas de minha propriedade, dar recibos, despejar inquilinos, proceder a consertos e por tudo responder como se fora eu próprio, podendo também subestabelecer, se convier.
José de Tal

a) Procure explicar qual a função de uma procuração.
b) Explique, com suas próprias palavras, em que sentido uma procuração cria ou altera uma situação jurídica.
c) Copie a procuração acima, utilizando seu próprio nome e o nome de algum conhecido, em lugar de José de Tal e O. de B.
d) Procure, no texto da procuração, as palavras que indicam a ação que você realiza por meio dela.

10. Os trechos a seguir tratam dos *hackers* brasileiros e foram extraídos praticamente sem modificações de um longo artigo intitulado *"Internet:* A nova face da rebeldia" *(Época* 3.4.2000). Nesse artigo foi utilizado várias vezes um recurso que consiste em reproduzir textualmente as falas das personagens envolvidas, classificando-as logo em seguida através de um verbo (ver as passagens grifadas).

Qual o pai ou mãe que não se sentem tranqüilos ao contemplar o filho num aposento qualquer da casa, "brincando" no teclado e na tela do computador, longe dos perigos das ruas? Pois esse tipo de cena pode ser o prólogo de complicações internacionais. Um balanço recente do site americano Attrition.org, especializado na divulgação de invasões pela Internet, demonstra que o Brasil lidera o setor, superando até os Estados Unidos. Sites como o da Nasa, da Otan e de subsidiárias da Microsoft, não oferecem resistência à primeira geração de *hackers* brasileiros.

[Estes] são, numa descrição genérica, filhos das classes média e alta, cursam boas escolas e exibem traços de arrogância, típicos das camadas superiores da pirâmide econômica.

São audaciosos. Em fevereiro, tiraram do ar o site da rede de televisão CNN, freqüentado diariamente por milhões de pessoas em todo o planeta. Fizeram o mesmo com o Yahoo, segundo portal mais visado da Web. "Eles se movem pelo desafio e pela busca de notoriedade", sustenta o delegado Lima e Silva. "Para mim, é a versão contemporânea dos meninos que se sentiam felizes ao matar um passarinho com estilingue". Os "meninos" de hoje apelam para outras analogias. "Quando arrombo um site, sinto a liberdade de quem salta de *bumgee-jump*", compara H.R.B., do grupo Crime Boys.

No quesito de notoriedade, o delegado acertou. "Ao selecionar as vítimas, damos preferência a empresas famosas", reconhece Leitão, companheiro de H.R.B. [...] "Na mesma invasão eles mandam recados para namoradinhas e detonam o governo", espanta-se Lima e Silva. [...]

Há rivalidade entre os grupos. "Nós fazemos algo construtivo", garante JZ, convencido de que tem um discurso político a defender. "O problema é que não consigo viver sem computador", argumenta Sys Vinit. O rapaz, que jamais experimentou drogas, diz-se viciado em ataques. [...e] prefere as noites da sexta-feira. Por uma razão triunfalista. "Na segunda só vão falar nisso", exulta. Nutre um sonho explosivo: imprimir sua marca no site da CIA. Não é à toa que investigações sigilosas do FBI e da Interpol aterrissam no país. Acostumados a agir fora do alcance das leis, *hackers* brasileiros se empertigam quando notam que há "tiras de fora" em seu encalço. Prometem ousadias maiores. E picham: "We are the world!". O mundo é deles. Para quem não divisa fronteiras, não se orienta por fusos horários nem se constrange ao pilhar a privacidade alheia, o planeta até que ficou pequeno.

Considere cada um dos verbos que foram utilizados para caracterizar uma fala. Que informações ele traz sobre a fala a que se refere?

Comentários sobre um conteúdo
(*Dictum* X *modus*)

Objetivo

Reconhecer e aplicar alguns dos recursos que a língua coloca à disposição dos falantes, para tomar posição em relação a algum conteúdo proposicional.

Caracterização geral

A linguagem corrente coloca à disposição do falante uma série de recursos destinados a precisar os limites dentro dos quais se compromete com uma determinada afirmação. O uso desses recursos representa sempre uma intervenção do falante a propósito do conteúdo de sua mensagem. Os lingüistas reúnem às vezes esses recursos de intervenção sob a denominação genérica de *modus*, e falam de "modalizações de uma afirmação".

Material lingüístico

As maneiras de modalizar uma afirmação são numerosas:
✓ uso de advérbios que indicam graus diferentes de certeza: *indubitavelmente, possivelmente, talvez...*;
✓ uso de verbos regentes como *parece, consta*, que transferem a responsabilidade pela afirmação à sabedoria geral, descarregando a responsabilidade do falante;
✓ uso de verbos regentes como *acho que..., acredito que..., tenho certeza de que..., estou convencido de que...* expressando uma opinião ou um conhecimento seguro, uma certeza;
✓ uso de advérbios e outras expressões que circunscrevem a validade da afirmação a um determinado domínio: *tecnicamente, do ponto da astronomia moderna, popularmente...*
✓ uso de fórmulas que advertem para a inexatidão da maneira como o conteúdo será formulado: *de certo modo, por assim dizer, grosso modo*.

✓ uso dos tempos e modos verbais que graduam o compromisso assumido pelo falante: quando um jornalista diz que determinada personalidade estaria envolvida com o crime organizado, ele fala como quem *ouviu falar* do envolvimento dessa personalidade, mas não tem provas seguras desse envolvimento etc.

✓ uso de advérbios que qualificam a fala (não o conteúdo da fala): *francamente, para falar a verdade, se você quer mesmo saber...*

✓ outros (aspas, ...)

Atividade

Um meio de dar credibilidade a uma afirmação consiste em apoiá-la num "argumento de autoridade", isto é, em apresentá-la como uma conclusão alcançada por indivíduos ou grupos de pessoas de reconhecida competência no assunto (cientistas, técnicos, usuários experimentados e exigentes etc.). Localize cinco propagandas que recorram a argumentos de autoridade. A partir dessas propagandas, procure determinar quem são as "autoridades" em que nossa sociedade confia.

Exercícios

1. Explique o que aconteceria com o sentido dessas sentenças, se retirássemos delas as palavras grifadas:

a) Dizem que solucionar o problemas das enchentes é fácil: é fácil em termos.

b) Profissionalmente, minha mudança para a capital foi muito vantajosa; do ponto de vista da saúde, foi um fracasso.

c) Perante a opinião pública, a capoeira é fundamentalmente uma luta.

d) As fazendas da Província de São Paulo eram essencialmente plantações de café.

e) Eu até gosto da Luana Piovani.

f) Ele fez uma coisa que foi, de certa forma, uma maldade.

g) No entendimento do povo, roubo e furto são a mesma coisa; para os advogados trata-se de dois crimes de gravidade diferente

h) O carioca é tipicamente um festeiro.

i) Moralmente falando, ele está coberto de razão, mas pensando em termos políticos, jamais poderia ter feito o que fez.

2. Diga qual das duas afirmações é verdadeira:

a) Cientificamente, a baleia é um mamífero; popularmente, é um peixe;

b) Popularmente a baleia é um mamífero; cientificamente é um peixe;

c) Juridicamente, uma gravação não autorizada não vale como prova; moralmente sim;

d) Moralmente, uma gravação não autorizada não vale como prova; juridicamente, vale;

e) Teologicamente, os diabos são anjos; na devoção popular, não;

f) Na devoção popular, os diabos são anjos; teologicamente, não são;

g) Lingüisticamente, a Romênia pertence ao mundo romano; etnicamente, não;

h) Etnicamente, a Romênia pertence ao mundo romano; lingüisticamente, a Romênia não pertence ao mundo romano;

i) Legalmente, a tortura foi banida pela última constituição; na prática, a tortura não desapareceu com a última constituição;

j) Na prática, a tortura desapareceu com a última constituição; legalmente, a tortura não foi banida pela última constituição.

l) Oficialmente, a capital da Holanda é Haia; culturalmente é Amsterdam.

m)Culturalmente, a capital da Holanda e Haia; oficialmente, é Amsterdam.

3. Suponha que alguém foi arrolado como testemunha do atropelamento de uma criança e está informando a polícia a respeito do ocorrido. Qual ou quais dessas afirmativas comprometem mais a personagem identificada como "este moço"? (Ou, se você prefere, quais constituem verdadeiramente uma acusação?)

a) Este moço estava dirigindo o carro que atropelou a criança.

b) Acho que este moço estava dirigindo o carro que atropelou a criança.

c) Pode ser que este moço estivesse dirigindo o carro que atropelou a criança.

d) E se esse moço, por acaso, estava dirigindo o carro que atropelou a criança?

e) Vamos que este moço estivesse dirigindo o carro que atropelou a criança...

f) Positivamente, este moço estava dirigindo o carro que atropelou a criança.

g) Ouvi dizer que este moço estava dirigindo o carro que atropelou a criança.

h) Parece que este moço estava dirigindo o carro que atropelou a criança.

i) Não tem erro: quem estava na direção do carro era este moço.

4. Há um velho ditado segundo o qual o diplomata que diz **talvez** quer dizer **não**, e a mulher diz **talvez** quando quer dizer **sim**. Tente construir dois diálogos em que seja possível exemplificar os dois usos diferentes de **talvez**.

5. As formas que as pessoas do povo usam para indicar que uma afirmação merece sua adesão são numerosas e às vezes bastante engraçadas:

a) É batata.
b) É isso (d)aí.
c) Falou e disse!
d) Matou (a charada)!
e) Pode escrever.
f) Estou contigo e não abro.
g) Assino embaixo.
h) Você tirou as palavras da minha boca.
i) Só contaram para você!
j) Não dá outra!

Provavelmente, você já ouviu uma dessas fórmulas, ao final de uma tentativa de descrever uma situação mais ou menos complicada. Conte o episódio que se encerrou com a fórmula em questão.

6. No caderno "Mais!" do jornal *Folha de S. Paulo* de 14 de maio de 2000, o cirurgião plástico Oswaldo Pigossi Jr. respondeu como segue à pergunta: "Quem dita hoje o padrão de beleza?"

Infelizmente, hoje o padrão de beleza é estabelecido pelas artistas da televisão, mas sem nenhum bom-senso. Assim, apesar de o resultado estético da "Feiticeira", pelos padrões médicos, não ser o ideal, é exatamente esse que a maioria das mulheres cita como exemplo e também busca como seu próprio padrão, sem lembrar que cada um tem sua própria característica de distribuição de tecidos e volumes pelo corpo. Desse modo, uma prótese mamária de cerca de 250 ml em uma pessoa com 1,50 m nem sempre pode dar um resultado bonito; mas a fulana da televisão, que foi ao programa do Gugu, tem, e então é essa que ela vai querer. Ainda por cima, temos uma crescente comercialização da atividade médica ligada à área de estética, que facilita muito a ocorrência desses problemas.

A resposta começa o advérbio "infelizmente", e prossegue com uma série de comentários sobre o padrão de beleza vigente. Mostre que os comentários são coerentes com a avaliação dos fatos expressa pelo advérbio "infelizmente".

7. A seção "São Paulo Reclama" do jornal *O Estado de S. Paulo* trazia, numa de suas edições de março de 2000, estas duas cartas:

Sabesp responde

A respeito de reclamação do sr. Roberto de Barros Brisolla (carta nº 11.374, *Nossa incrível Sabesp* de 7/2), sobre pedido de desobstrução da rede de esgotos localizada na Rua Dr. Jesuíno Maciel, 1677, <u>esclarecemos que</u> estivemos no local no dia 8/2 e fizemos a limpeza da rede coletora. O encarregado dos serviços conversou com o cliente, que considerou a questão resolvida. <u>Esclarecemos que</u> a má utilização da rede de esgotos é a principal causa de obstruções e danos à tubulação. Por isso, não devem ser jogados no vaso sanitário e na pia da cozinha absorventes higiênicos, fraldas, pontas de cigarro, pó de café, restos de comida, cascas de fruta, óleo ou outros detritos. <u>É importante esclarecer que</u> os ralos do lado de fora da casa não podem ser ligados à rede de esgoto. Se isso acontecer, corre-se o risco de que o esgoto volte, pelos ralos e pias, para dentro das casas. **Pedro Luís Ibrahin Hallack, superintendente da Unidade de Negócios do Sul**.

O leitor comenta

Continuo aguardando a visita de um enge-nheiro hidráulico da Sabesp para solução definitiva. <u>Cinicamente</u>, a Sabesp diz que o "encarregado conversou com o cliente, que considerou a questão resolvida". Não é verdade, o encarregado disse <u>(o que eu já sabia)</u> que sempre que chover forte terei esse problema, pois a rede não comporta o esgoto da rua e não tem caída (e a culpa é minha?). <u>Aliás</u>, com as recentes chuvas, o esgoto jorrou da minha caixa de inspeção feito chafariz. <u>Que a Sabesp saiba que</u> os ralos de fora da minha casa não estão ligados à rede de esgoto, mas à rede de águas pluviais. A Sabesp ignorou minhas perguntas e, <u>ao que parece</u>, mandou resposta-padrão, alterando apenas nome, endereço e data. **Roberto Barros Brisolla – Campo Belo**.

Cada uma das expressões grifadas introduz um elemento de modalização a respeito de um certo conteúdo. Verifique, para cada caso, que conteúdo foi modalizado, e mostre que as modalizaçõs usadas pelo usuário foram utilizadas para dar a entender que a carta da Sabesp não foi ... **esclarecedora**.

8. Vários estudos têm mostrado que a primeira parte de um enunciado costuma ser dedicada a expressões que não formulam um conteúdo, mas tem um importante papel de orientação sobre o "modo de processar" o que segue. Entre as expressões que podemos encontrar no início de um enunciado estão as seguintes:

Mudando de pato para ganso,...
E por falar em...,

Cá entre nós,...
Francamente,...
Com perdão da palavra,...
Não querendo interromper...
Se me permite(m)...
Mudando de assunto...
Sem querer ofender...

Essas expressões desempenham nos textos uma de três funções:
✓ controlar a continuidade do assunto;
✓ antecipar reações indesejáveis por parte do interlocutor;
✓ dar à comunicação em curso um caráter mais ou menos reservado ou confidencial.

Classifique as expressões acima numa dessas três classes; se possível descubra outras expressões que desempenham as mesmas funções.

9. Não é raro encontrar nos jornais "artigos" que procuram dar conta de um determinado assunto alinhavando depoimentos de "personalidades" mais ou menos conhecidas. Em sua opinião, essa é uma boa forma de construir textos que defendem um ponto de vista? Responda depois de examinar a "artigos" que segue, que é desse tipo.

RECRUTAMENTO
Forma tradicional ainda tem espaço

DA REPORTAGEM LOCAL

O candidato "não informatizado", que ainda bate perna todo dia em busca de emprego, sai em desvantagem, mas o grau das barreiras depende da vaga e do lugar.

Segundo José Pastore, professor de relações do trabalho da Faculdade de Economia, Administração e Contabilidade da Usp, nas cidades menores, as formas tradicionais de recrutamento, com tabuletas na porta e anúncios em jornais locais, devem permanecer.

"Outro expediente, também muito eficiente, é o boca-a-boca, utilizado sobretudo para recrutar prestadores de serviços como empregadas domésticas, professores particulares de idiomas, enfermeiros para atendimento particular a idosos, antenistas, eletricistas e encanadores", diz Pastore.

Para o consultor Jorge Gounares, da Bright Link, a impossibilidade de usar a Internet não pode ser uma desmotivação. "O e-mail agiliza mas ainda não substitui o fax, o correio e a entrega pessoal".

Ir às empresas com o currículo embaixo do braço pode até ser um ponto positivo, segundo o consultor Marcos Possari, da Prime Perfil Profissional.

"A Internet virou uma importante fer-ramenta para a seleção, mas quem vai pessoalmente valoriza-se pela iniciativa, e as empresas sempre necessitam em todos os níveis de pessoal", avalia.

Na opinião do consultor, a realidade das empresas brasileiras no que se refere à Internet não está tão avançada assim, sobretudo entre as que mais contratam no Brasil, como as de pequeno e médio porte. "Se houver pressa em contratar, muitas ainda recorrem ao velho e bom arquivo".

(Folha de S. Paulo, 14/5/2000)

10. Discussão: Para qualificar uma fala como mentira, não basta que seu conteúdo seja infiel aos fatos. Se assim fosse, todos os grandes ficcionistas e todos os grandes teatrólogos seriam, antes de tudo, grandes mentirosos. O que é preciso, para mentir, além de contar coisas que não coincidem com os fatos?

Conotações

Objetivo

Mostrar que o uso de determinadas palavras e expressões, além de descrever as realidades de que se fala, cria uma representação do falante, do ouvinte e da interação verbal, que pode ser mais ou menos adequada ao momento.

Caracterização geral

A conotação é o efeito de sentido pelo qual a escolha de uma determinada palavra ou expressão dá informações sobre o falante, sobre a maneira como ele representa o ouvinte, o assunto e os propósitos da fala em que ambos estão engajados etc. A conotação opõe-se à denotação, que é o efeito de sentido pelo qual as palavras falam "neutramente" do mundo. A título de exemplo, imaginemos este diálogo, que poderia ser ouvido numa Br sobre um carro que ficou amassado depois de uma batida e que precisará ser consertado:

> **A** A *lanternagem vai custar* no mínimo dois mil reais!
> **B** É verdade, a funilaria vai sair cara!

Nesse diálogo, as palavras *funilaria* e *lanternagem* referem-se "objetivamente" ao mesmo conserto (que consiste em
✓ desamassar a chapa de metal que forma a carroceria com algum instrumento;
✓ corrigir com massa as pequenas irregularidades que restarem;
✓ lixar e pintar.
Mas além disso, o uso dessas duas palavras fornece pistas sobre a procedência dos falantes. **A** e **B** poderiam ser, respectivamente, um carioca e um paulista, mas não vice-versa.

Material lingüístico

Os dois efeitos de sentido da conotação e denotação estão presentes em diferentes medidas em qualquer ato de fala e não é sempre fácil dizer onde termina um e onde começa outro.

As conotações relativas ao falante dizem respeito, mais geralmente:
✓ à faixa etária;
✓ à profissão;
✓ às condições sociais;
✓ à procedência geográfica.

A maneira como representamos o interlocutor ou o assunto leva à escolha:
✓ de diferentes pronome e expressões de tratamento;
✓ de expressões que indicam proximidade (camaradagem, amizade etc.) ou distância (formalidade, frieza etc.);
✓ de diferentes gêneros de fala e escrita (ofício X bilhete);
✓ de diferentes níveis de língua (linguagem literária, linguagem padrão, linguagem familiar, jargão próprio de uma profissão ou atividade, gíria etc.).

Atividade

O sotaque é uma característica da fala que tem forte poder conotativo. Com um pouco de experiência, é possível reconhecer a partir de algumas poucas frases se a pessoa com quem estamos falando e da qual nada sabemos, é carioca, gaúcha, baiana, catarinense, ou do interior de São Paulo. Imagine um pequeno diálogo entre dois brasileiros originários de regiões diferentes. Esse diálogo precisará ser encenado, de modo que apareçam as diferenças de sotaque. Lembre-se de que nenhum sotaque é melhor do que outro, portanto tente evitar fazer desse diálogo um motivo para discriminação.

Exercícios

1. As palavras abaixo foram reunidas em pares. Provavelmente uma das duas formas de cada par tem uso corrente em sua região. Aponte essa palavra, que soa familiar a você e confira em seguida seus resultados com o resto da classe. Se você conhece as duas palavras, mas com sentidos diferentes, explique.

— abichornado/aborrecido
— aguada/lagoa rasa
— arribar/subir
— aratu/caranguejo
— bengala/cacetinho (tipos de pão)
— boi ralado/carne moída
— bolinho barrigudo/bolinho de chuva

— bombeiro/encanador
— borralho/cinza quente,
— bisnaga/cacete (tipo de pão)
— carne de máquina/carne moída
— coxilha/pastagem
— farpinha/palito
— guri, guria/menino, menina
— lapiseira/apontador
— mangue/terreno pantanoso
— micuim/terçol
— monturo/aterro de lixo
— munguzá/canjicada
— pebolim/totó
— pingado/café com leite
— pipa/papagaio
— pôr/botar
— quitanda/mercearia (pequeno comércio de frutas e verduras)
— roleta/catraca
— tareco/broa de amendoim
— tiborna/angu
— venda/negócio

2. Os nomes das variedades de frutas e verduras apresentam, pelo Brasil afora, uma grande variação regional. Às vezes a diferença de nomes não tem razão aparente; outras vezes ela corresponde a uma diferença de variedades das frutas e verduras. Considere estes nomes e responda: quais você conhece? quais correspondem a variedades diferentes, segundo os usos de sua região?

— batata-salsa/batata-baroa
— laranja da ilha/laranja-lima
— couve-chinesa/acelga
— limão-cravo/limão capeta
— banana, caturra/banana-nanica
— abóbora/jerimum[1]
— carranca/limão de fazer doce

3. Na década de 1960, liderado pelo cantor Roberto Carlos então jovem, o movimento musical Jovem Guarda, por meio da televisão, popularizou uma série de gírias que hoje, em sua grande maioria, estão em desuso. Fale com alguém da geração de Roberto Carlos. Procure saber o que significavam as gírias:

[1]Trabalho de Luciene Conde B. Silva, Teresa Cristina Dominguete Carvalho, Camila Isa A. Silva Barbosa. (Varginha, 1998).

É uma brasa, mora!
Morou?
Pode vir quente que eu estou fervendo...
Papo firme.
Bicho!

4. Muitas gírias que já tiveram grande circulação no Brasil são hoje pouco conhecidas entre as gerações mais novas, e, quando usadas, conotam velhice. Procure alguém que conhece uma ou mais destas gírias:

Xpto (bonito, legal)
Marca barbante, petebê (ruim, de má qualidade)
Fogo na roupa (levado)
Pão (rapaz bonito)
Xuxu (moça bonita, boazuda)
Babado (problema)
Bokomoco, Pedrobó (bobo)

5. Ter conotações não é uma propriedade apenas das palavras. A roupa que vestimos, as comidas que comemos, os adereços que usamos além de terem uma função "objetiva" (proteger do sol e do frio, alimentar etc.) podem dizer quem somos, ou como queremos ser vistos. Pense na seguinte situação: numa grande metrópole da região centro-sul (São Paulo, Rio de Janeiro) dois amigos que provêm do mesmo estado resolvem matar as saudades da terra natal. Que comida combinaria melhor com uma conversa sobre a terra natal, no caso de os dois amigos serem:

a) acreanos;
b) pernambucanos;
c) mineiros;
d) gaúchos;
e) goianos;
f) baianos.

6. Um campo rico em conotações é o do vestuário e da moda e dos adereços. Pense no que são e no que conotam estes modelos de roupa e adereços:

a) manga de camisa;
b) calça pescador;
c) vestido alegre;
d) sapato plataforma;
e) meia arrastão;

f) coração de prata;
g) relógio cebolão;
h) sandália havaiana.

7. São muitas, em nossa língua, as maneiras de chamar a atenção de um desconhecido e iniciar uma conversa. Do ponto de vista das conotações, essas maneiras não se equivalem. Procure dizer em que situações seriam adequadas estas fórmulas:

— Ó meu!
— Ó, cara!
— Meu senhor, senhor.
— Ei, você aí!
— Psiu!
— Oi, véi!
— Tchê!
— Ô tio!

8. Escrito há mais de cinqüenta anos, *O secretário moderno* de J. Queiroz (Edições do Povo, 1948) propunha, entre outros, o seguinte modelo de redação para uma carta de amor:

> Rio de Janeiro, 28 de maio de 1948
> Exma Sr.a Margarida e B.
>
> Saúdo-vos afetuosa e respeitosamente.
> Rogo-vos ao lerdes esta carta perdoar minha ousadia, pois fatigado de guardar comigo o segredo do meu coração traindo-me embora a cada momento, venho oferecer-vos o que de mais puro tenho na alma: o meu amor. Ambos moços, ambos pobres, eu muito mais pobre do que vós, pois suplico a esmola do vosso olhar e do vosso perdão e vós bem mais rica pela beleza e pelos dotes da alma, poderíamos, se assim o quisésseis, ser um dia felizes à face de Deus e da sociedade.
> Ponho nas vossas delicadas mãos, que respeitosamente beijo, todo o meu futuro.
> Rogando-vos que respondais, tenho a honra de ser
>
> Admirador e apaixonado escravo
> F. de B.

Que tipo de representação da destinatária constrói essa carta? Como soaria, se fosse mandada hoje?

9. A palavra "cantada" é definida pelo dicionário como "conversa cheia de lábia com que se tenta seduzir alguém, visando objetivos libidinosos ou ilícitos", mas é provável que, para muitos jovens, "cantada" indique apenas a ação de puxar conversa com alguém do outro sexo. É possível "cantar" alguém com mais ou menos classe. Dê um exemplo de uma péssima cantada, e de uma cantada de classe. Compare sua resposta com as de seus colegas.

10. Faça um balanço dos pronomes e expressões de tratamento (tu, você, o senhor, a senhora) que se usam em seu ambiente familiar, aí incluídos os empregados, parentes e fornecedores. Discuta em seguida: **você** indica sempre familiaridade e informalidade? **O senhor** indica sempre respeito?

11. O texto "O FMI vem aí, viva o FMI", do articulista Luís Nassif, publicado na revista *Ícaro*, está redigido no português culto caraterístico do jornalismo, e contém, inclusive, um bom número de expressões típicas da linguagem dos economistas, como "desequilíbrio conjuntural", *"royalties"*, "produtos primários, "política cambial". No entanto, contém também termos ou expressões informais, como na seguinte frase: "Há um ou outro caso de mudanças estruturais no mundo que deixa os países <u>com a broxa na mão</u>".

Leia o trecho abaixo, que é parte do mesmo artigo, e responda às questões:

> Países já chegam ao FMI com todos esses impasses, denotando a incapacidade de suas elites de chegarem a fórmulas consensuais para enfrentar a crise – mesmo porque essas fórmulas implicam prejuízos aos interesses de alguns grupos poderosos. Aí a burocracia do FMI deita e rola. Há, em geral, economistas especializados em determinadas regiões do globo. Mas, na maioria das vezes, as fórmulas aplicadas aos países são homogêneas, burocráticas, de quem está por cima da carne-seca e não quer saber de limitações de ordem social ou política (...). Sem os recursos adicionais do fundo, a travessia de 1999 seria um inferno, com as reservas cambiais se esvaindo e o país sendo obrigado ou a fechar sua economia ou a entrar em parafuso. O desafio maior será produzir um acordo que obrigue, sim, o governo e o congresso a acelerarem as reformas essenciais.

(Ícaro, 170, out. 1998)

a) Transcreva outras três expressões do trecho que tenham a mesma característica de informalidade.

b) Substitua as referidas expressões por outras, típicas da linguagem formal.

Conteúdo descritivo demais e de menos

Objetivo

Assinalar que podemos usar a linguagem para obter mensagens mais ou menos exatas, e que a exatidão é uma qualidade em determinadas circunstâncias, e um defeito em outras.

Caracterização geral

Quando alguém chega da rua e diz:
—"Hoje vi uma pessoa ser atropelada na esquina."
Não ficamos sabendo quase nada a respeito de quem era/como era a vítima: a frase nos diz, no máximo, que se tratava de um ser humano. Ao contrário, uma frase como:
— "Hoje vi um entregador de pizza, moço, magro e moreno ser atropelado na esquina."
Seria bem mais informativa a respeito da vítima do atropelamento porque nos forneceria indicações sobre sua profissão e algumas de suas características físicas.

Note que se está falando nos dois casos do mesmo atropelamento, as descrições é que são mais ou menos minuciosas. A linguagem tem a característica notável de poder falar dos mesmos fatos fornecendo mais ou menos informações, mais ou menos detalhes. Nesse sentido, o trabalho com a linguagem é comparável ao do fotógrafo que usa filmes de diferentes sensibilidades, ao do ilustrador que pode usar um número maior ou menor de cores etc.

Material lingüístico

Existem na língua expressões que são adequadas para uma formulação vaga dos fatos que se quer narrar ou descrever, mas que devem ser evitadas quando se pretende uma formulação mais exata: trata-se por exemplo de:
✓ nomes para pessoas: cara (careta, carinha), fulano, sujeito, nego, camarada, cabra...;

✓ coletivos para pessoas: a turma, a gente, a macacada, a moçada, o pessoal, o povo...;

✓ nomes de coisas: coisa, negócio, treco, troço, trem, breguete, breguesto...;

✓ nomes para circunstâncias: lugar, hora, jeito...;

✓ verbos: fazer, coisar, mexer, lidar...;

✓ a preocupação em insistir nos detalhes não é necessariamente uma virtude dos textos. O que conta é ser capaz de perceber quando os detalhes são relevantes, e saber fornecê-los na medida adequada.

✓ Nem sempre a escolha de construções mais curtas/menos complicadas prejudica a clareza; ao contrário, evitando a subordinação e aplicando certas operações de elipse que retiram materiais facilmente recuperáveis, tornamos mais fácil o processamento de nosso texto:

✓ Parece que o rapaz entende de computador → o rapaz parece entender de computador.

✓ Pedro assistiu ao filme e eu assisti à peça → Pedro assistiu ao filme e eu à peça.

✓ Os pescadores vendem os peixes maiores e usam os peixes menores como isca → Os pescadores vendem os peixes maiores e usam os menores como isca.

✓ José foi à missa e o irmão foi à missa → José e o irmão foram à missa.

Atividades

• Personagens como o "Doutor Explicadinho" da Praça da Alegria infelizmente existem. Com seus companheiros de equipe, redija um pequeno esquete em que contracenem um "doutor explicadinho" e uma personagem impaciente, ou que tem que resolver urgentemente algum problema. Faz parte da atividade:

a) representar o esquete, comparar com os resultados obtidos pelas outras equipes;

b) refletir sobre as razões que tornam antipático esse tipo de personagem.

• Uma máxima que vem ao caso lembrar sempre que cruzamos com algum "doutor explicadinho" é que "para bom entendedor, meia palavra basta". Tente lembrar-se de algum caso em que alguém ouviu um conselho adequado no momento certo e fez bom proveito de "meia palavra".

Exercícios

1. Leia a anedota a seguir e responda às perguntas:

Agradecendo a Deus.

Turista viaja para um safári na África.
Durante a excursão na savana, se perde e acaba frente a frente com um leão feroz. Ao vê-lo avançando em sua direção, pede a Deus que um espírito cristão tome posse daquele leão.
Nisto, ouve-se um trovão, seguido de um grande clarão no céu. O leão ajoelha-se diante do assustado turista e começa a rezar, dizendo:
— Obrigado senhor, por mais essa refeição!

(Piadas e pára-choques nº 1 – As 200 melhores piadas de pára-choques e charges publicadas
na RDE – Revista das Estradas)

a) O que esperava o caçador, quando fez sua prece?
b) Ele foi atendido?
c) Por que se pode dizer que o caçador é o principal culpado por virar comida de leão selvagem?

2. Descubra dez maneiras como se pode estragar alguma coisa (por exemplo: pode-se estragar uma roupa rasgando-a ou manchando-a; pode-se estragar um vaso quebrando-o etc.). A propósito de um desses "estragos", conte uma história que você viveu ou presenciou.

3. O *Manual de Redação* de *O Estado de S. Paulo* define "nariz-de-cera" como uma "introdução vaga e desnecessária, que toda notícia dispensa". Um exemplo de nariz-de-cera seria, segundo o manual, a primeira parte desta notícia:

> São muitos os problemas do trânsito em São Paulo. Alguns deles arrastam-se por anos e anos, sem que ninguém tente resolvê-los. Um exemplo desse descaso das autoridades é o estacionamento sobre as calçadas. Mais uma vez, porém, a prefeitura promete tomar medidas para que os abusos não se repitam.
> A partir de hoje, quem estacionar o carro sobre a calçada pagará X mil cruzeiros de multa. E a prefeitura promete ser rigorosa na fiscalização.

Começar uma notícia com um nariz-de-cera é uma prática que o bom jornalismo evita, mas que não é de todo rara. Procure nos jornais ou periódicos a que você tem acesso um texto que começa com um nariz-de-cera. Discuta-o com seus colegas o que o levou a pensar que a primeira parte desse texto é "desnecessária e dispensável".

4. Fazer a sinopse dos jornais do dia é um trabalho que algumas pessoas realizam profissionalmente, em vários tipos de empresas. Suponha que você é um

desses profissionais, e que lhe cabe reduzir a notícia que segue a um máximo de dez linhas, evitando perdas de informação. Ponha as mãos à obra, depois de ler atentamente o texto abaixo, verificando que certas informações foram repetidas várias vezes, e que certas falas apenas duplicam informações prestadas nas passagens narrativas.

Fiscais cometem infrações graves e põem vidas em risco

'Estado' acompanhou blitz com várias manobras proibidas pelo Código de Trânsito

UILSON PAIVA

Em nome da apreensão de perueiros clandestinos, fiscais da São Paulo Transporte (SPTrans) e da Guarda Civil Metropolitana (GCM) estão arriscando a vida de pedestres, motoristas, passageiros, e cometendo uma sucessão de delitos gravíssimos de trânsito, segundo o Código de Trânsito Brasileiro.

Apenas na blitz da manhã de ontem, acompanhada pelo Estado, os motoristas da Prefeitura cometeram sucessivamente infrações que ultrapassam em muito o teto de 20 pontos previstos para suspensão do direito de dirigir.

Entre outras infrações, os fiscais cruzaram repetidas vezes o sinal vermelho (7 pontos), trafegaram pela contramão em vias de sentido único (7 pontos), bloquearam a via com veículo (7 pontos), dirigiram ameaçando outros veículos (7 pontos) e pararam os veículos sobre canteiros centrais e divisores de pista (3 pontos).

Esse tipo de conduta, segundo o Comando de Policiamento de Trânsito (CPTran), só seria permitido a veículos de resgate, bombeiros e polícia – mesmo assim, em situações de emergência. "Nem em fiscalização de trânsito se pode fazer isso", disse o tenente Jean Carlos Pereira, relações públicas do CPTran.

Nem a GCM nem a SPTrans são fiscais de trânsito. À GCM compete zelar pelo patrimônio público e até pela segurança dos fiscais da prefeitura, quando ameaçados. Já a SPTrans deve fiscalizar as condições de ônibus, lotações e peruas. Nenhuma tem poder de polícia. E uma fiscalização de perueiros não é uma situação de emergência.

"Os fiscais estão sujeitos às mesmas multas que um cidadão comum" observou o tenente. O CPTran não informou o número de autos de infração expedidos contra veículos da SPTrans e da GCM.

Todas as infrações foram cometidas em manobras para perseguir e cercar perueiros clandestinos. Esse tipo de procedimento foi avaliado pelo Ministério Público como de alto risco para os passageiros das lotações.

Anteontem, o promotor Carlos Cardoso, assessor de Direitos Humanos da Procuradoria Geral de Justiça, afirmou que estudava uma ação judicial para impedir as perseguições feitas perigosamente nas blitze da Prefeitura. "Informações sugerem que os acidentes com perueiros foram causados por ações atabalhoadas de fiscais da prefeitura", disse. Ontem, a possível ação judicial transformou-se em solicitação à Prefeitura para que mude o modo de ação [...].

(*O Estado de S. Paulo*, fevereiro de 2000.)

5. No tempo em que o principal meio de comunicação à distância era o telégrafo, as mensagens eram cobradas com base no número de letras que continham. Um dos méritos de quem redigia os telegramas consistia, então, em escrever textos breves e concisos, sem perda de informação. Veja esta carta (extraída de O *secretário moderno* de J. Queiroz):

Pelotas, 05 de maio de 1948
Ilmos. Srs. Chaves & C.
Rio.

Temos a honra de vos solicitar com urgência a remessa das sementes de hortaliças, cuja relação mandamos em data de 30 do passado e que deve estar em vosso poder.

É favor mandar-nos catálogos de sementes e flores e preços correntes com os descontos que fazem em grandes compras, assim como as novidades que tiverem aparecido no gênero.

Maciel Ribeiro & Cia.

Imagine que você está em 1948 e que você trabalha para a companhia do Sr. Maciel Ribeiro. Transforme a carta em um telegrama de, no máximo, vinte palavras. Lembre que, na redação de telegramas, certas palavras (como as preposições e as conjunções) podem ser dispensadas quando se imagina que o destinatário será capaz de adivinhá-las pelo contexto).

6. Provavelmente você já viu um destes filmes: *Love Story*, *Os Intocáveis* ou a continuação de *O parque dos dinossauros*. Esses filmes foram exibidos pela em-

presa de televisão a cabo NET durante o mês de novembro de 1999, e o Guia de Programação da empresa dava para esses filmes as seguintes sinópses:

Love Story, uma história de amor (Love Story) US-1970 + Artur Hiller I Ryan O'Neill, Ali Mac Graw, Ray Mlland.
Romance.101'. C. Adaptado da obra de Eric Segal, o filme conta a história de dois jovens que se encontram, se casam e descobrem que ela morrerá em breve. **TC3 – Qui 11-14:40 (L). Sex. 12 – 01:00 (L) Tema Adulto.**

Intocáveis, Os (The Untouchables) US-1987 - Brian de Palma I Kevin Costner, Sean Connery, Robert de Niro, Andy Garcia. **Ação .119'.** C. O diretor Brian de Palma recriou a Chicago na época da Lei Seca e conta a ação de Elliot Ness (Costner) para capturar Al Capone (De Niro em papel perfeito). **TC2 – Sab. 13 – 19:10 (L). Dom. 14 – 06:00 (L) Violência.**

Mundo Perdido – Jurassic Park, O (The Lost World, Jurassic Park) US-1997– Steven Spielberg I Jeff Goldblum, Julianne Moore, Peter Postlethwaite. **Aventura .134'.** C. Nesta continuação de O parque dos Dinossauros, o cientista Ian Malcolm e sua namorada paleontóloga participam de uma expedição a uma ilha na Costa Rica onde ainda há dinossauros, e tentam evitar que o dono de um zoológico leve uma das criaturas. **TC1 – Dom. 14 – 23:00 (L). Seg. 15 – 10:50 (L) Sem Restrição.**

a) Se você assistiu a algum dos filmes em questão, é possível que se lembre de fatos que estão no filme mas não estão na sinopse. Conte um desses fatos.
b) O autor das sinopses estragaria o prazer do telespectador se contasse como termina o filme. Mostre que os textos das sinopses falam de possíveis desfechos, sem contudo dizer se eles acontecem.
c) Você acha que essas sinopses cumprem a função de orientar o telespectador na decisão de assistir ao filme ou não? Por quê?

7. "Pleonasmo" é o nome que os gramáticos dão às construções em que uma informação é reiterada de maneira redundante e inútil. Veja o que diz dos pleonasmos o gramático Júlio Nogueira:

> Nas classes mais ignorantes, encontramos: subir para cima, descer para baixo, sonhar um sonho etc. O caipira não se contenta em dizer: saiu correndo ou a correr: dirá – correndo na carreira. No entanto ele ri do homem da cidade quando diz que o seu cavalo tem uma estrela na testa, porque, na linguagem sertaneja só se diz estrela, em relação a uma mancha branca no pelo, quando localizada na testa do animal.
>
> O desconhecimento ou esquecimento da estrutura dos vocábulos é muitas vezes causa de se cometerem certos pleonasmos que já não chamam a atenção dos mais exigentes censores. Tais sejam: bela caligrafia, boa ortografia, abismo sem fundo, jornal diário etc.

Certo indivíduo dizia em uma ocasião que desprezava as cartas anônimas: só o que o irritava era o fato de não serem assinadas. Para este, carta anônima já equivalia a carta injuriosa.

Outros supõem que autógrafo é apenas um pensamento, uma impressão escrita de alguém que seja eminente na política, nas armas, nas artes etc. Assim eles declaram, cheios de orgulho, que os autógrafos do seu álbum foram escritos de próprio punho de tais celebridades. Uns se queixam de cálculos hepáticos no fígado; outros de nefrite nos rins e até há quem seja sujeito a hemorragia de sangue...

(A linguagem usual e a composição, p. 212)

De todos os casos classificados como pleonasmos por Júlio Nogueira, quais lhe parecem realmente condenáveis? Por quê?

8. Nos países mais adiantados, entende-se que o consumidor tem o direito de receber informações confiáveis e exatas sobre os produtos que consome. Recentemente, o equivalente norte-americano do nosso Ministério da Agricultura, o Food and Drugs Administration (FDA), decidiu estabelecer um controle mais rígido sobre as informações fornecidas nas embalagens dos suplementos alimentares (as vitaminas). Essa intervenção foi assim relatada no jornal *O Estado de S. Paulo*:

(...) sob novas diretrizes que entraram em efeito este mês, a FDA diz que um suplemento que promete restaurar a "potência" sugere o tratamento de uma doença (a impotência sexual) e, portanto, precisa passar por um rigoroso processo com a agência, o mesmo procedimento exigido para medicamentos com receita médica. No entanto, o outro rótulo não se propõe a curar um mal específico, e portanto não precisa passar pelo longo escrutínio da FDA.

As novas regras têm como objetivo diminuir a confusão no mercado de suplementos, que desde 1994 vem sendo cada vez mais agressivo na hora de fazer suas promessas. Naquele ano o Congresso deu aos fabricantes de vitaminas permissão para divulgar os benefícios de seus produtos, desde que não prometessem curar doenças. Desde então, a FDA vem tentando refinar sua distinção entre as promessas dos rótulos.

Diferenças sutis

A FDA tentou distinguir as promessas ligadas a estruturas e funções do organismo, que não precisam sofrer uma revisão formal da agência, de promessas relacionadas a doenças, que precisam. A linha divisória é tênue:

PROMESSAS ACEITÁVEIS SOBRE ESTRUTURAS E FUNÇÕES:	PROMESSAS INACEITÁVEIS RELACIONADAS A DOENÇAS:
Mantém saudáveis as funções pulmonares	Mantém saudáveis os pulmões dos fumantes
Desperta ou aumenta o desejo e melhora o desempenho sexual	Ajuda a restaurar vigor, potência e desempenho sexual
Ajuda a manter níveis de colesterol que já estão dentro do normal	Reduz o colesterol
Fortalece o sistema imunológico	Fortalece o aparelho antivírus do corpo
Alivia a ausência esporádica de sono	Ajuda a diminuir a dificuldade para dormir
Resolve a irritabilidade que acaba com o seu dia" ou a "irritabilidade nervosa	Alivia dor de cabeça causada por tensão nervosa
Ajuda a fortalecer as funções das juntas e cartilagens	Alivia dores nas juntas

a) Você vê diferenças entre as promessas aceitáveis e as inaceitáveis?
b) Você acha que também no Brasil deveria haver algum tipo de controle sobre a propaganda? Por quê?

9. Muita fala com pouca informação é uma das características da maioria dos programas televisivos, que são altamente previsíveis porque, na prática, não trazem nenhuma informação inesperada. Entre as mensagens televisivas campeãs da baixa informatividade estão certos tipos de entrevista, nos quais os entrevistados respondem, invariavelmente as mesmas coisas. Veja como o humorista José Simão (o Macaco Simão do jornal *Folha de S. Paulo*) descreve as entrevistas que a televisão põe no ar a partir dos bailes de carnaval:

> E os bailes? O piranhódromo do salão! Aquele barulho ensurdecedor e os caras insistem em fazer entrevista. O Baile dos Surdos. O BAILE DO HEIN?!!!!"De onde você vem?" "Hein?" "DE ONDE VOCÊ VEM?" "Cuiabá!" "O que você tá achando do baile?" "HEIN?" "O QUE VOCÊ ESTÁ ACHANDO DO BAILE?" "Mááá-ra-vi-lhoso!" "E o que você faz?" "HEEEEIN?" "O QUE VOCÊ FAZ?" "Sou modelo. Mo-de-lo." Isso o ano passado. Agora todas fazem publicidade e marketing! "O que você faz?" "Hein?" "O QUE VOCÊ FAZ?" "PUBLICIDADE E MARKETING" "ENTÃO DÁ UMA REBOLADINHA PRA GENTE VER." E o liquidificador começa a bater a vitamina de banana!

("Virei ombudsman de genitália", 5/3/2000.)

Imagine com seus colegas uma entrevista televisiva, dessas em que não se informa nada. Sugestões:
a) esportistas profissionais que explicam as razões da derrota ou da vitória de seu time ao repórter de campo;
b) políticos no exercício de algum cargo administrativo que prometem rigor na apuração de alguma irregularidade etc.

10. Nas expressões que seguem há redundância: explique por quê:
✓ Senado Federal,
✓ Câmara Municipal de São Paulo,
✓ Região Nordeste,
✓ Erário público,
✓ Monopólio exclusivo,
✓ Sorriso nos lábios,
✓ Viúva do falecido X,
✓ General do exército,
✓ Almirante da marinha,
✓ Elo de ligação.

Dêixis e anáfora

Objetivo

Mostrar que a interpretação de qualquer mensagem depende de sua inserção no contexto, quer linguístico, quer extra-linguístico.

Caracterização geral

Chamamos de **dêiticas** as expressões que se interpretam por referência a elementos do contexto extra-linguístico em que ocorre a fala. A palavra **dêitico** contém a idéia de apontar, e as expressões dêiticas mais típicas apontam para elementos fisicamente presentes na situação de fala. É o caso dos pronomes pessoais de primeira e segunda pessoa, *eu* e *você* que, na maioria de seus empregos, remetem para a pessoa que fala e para a pessoa com quem se fala.

Chamamos de **anafóricas** as expressões que se interpretam por referência a outras passagens do mesmo texto. As expressões anafóricas servem, tipicamente, para "retomar" outras passagens de um texto. Um exemplo típico é o demonstrativo *isso* em frases como "a gasolina subiu de novo, e isso vai gerar outros aumentos de preços"; nesse contexto, ficamos sabendo que a palavra isso faz referência ao aumento da gasolina, olhando para o texto que precede.

Material linguístico

✓ A dêixis diz respeito principalmente às pessoas que participam da interação verbal, ou a lugares e tempos que são localizados a partir da situação de fala. Realiza-se sobretudo por meio dos pronomes, dos artigos, dos tempos dos verbos e de certos advérbios.

✓ A dêixis realiza uma espécie de "ancoragem" da fala na realidade. Para entender a importância dessa ancoragem, convém imaginar a dificuldade que teríamos para entender de quem partiu um pedido de socorro trazido pelo mar numa garrafa fechada, sem data, sem referências a lugares e assinado por um desconhecido.

✓ A anáfora diz respeito a pessoas e objetos, tempos, lugares, fatos etc. mencionadas em outros pontos do mesmo texto; também na função anafórica são úteis os pronomes, o artigo definido, os tempos verbais (particularmente aqueles que indicam tempo relativo), e os advérbios.

✓ Na opinião de muitos estudiosos, a anáfora não é apenas um fenômeno entre outros que acontecem nos textos: é o fenômeno que constitui os textos, garantindo sua coesão. Todo texto seria, nesse sentido, uma espécie de grande "tecido anafórico".

Atividades

- Escreva uma narrativa de que você será ao mesmo tempo narrador e personagem, com base nestes parâmetros:

  a) Voltando da rua, você encontra gravada em sua secretária eletrônica a seguinte mensagem, falada por uma voz de adolescente que você não reconhece:

  — Não posso falar muito, eles devem voltar logo. Não sei que lugar é este. Eles são barra pesadíssima, já deu para ver. Estou bastante machucado. Estão falando o tempo todo de um jornal e de alguma coisa que deve acontecer amanhã. Diga a meus pais que comprem os jornais porque é possível que encontrem nos anúncios um pedido de resgate de seqüestro, disfarçado em anúncio.

  b) Uma parte da narrativa deverá tratar de seu esforço para identificar a pessoa que telefonou e descobrir onde ela se encontrava no momento em que fez o telefonema.

- Nas três tiras que você vai ver a seguir, há um certo número de expressões que se interpretam deiticamente. Diga quais são essas expressões.

RECRUTA ZERO/Mort Walker

Exercícios

1. Saber qual é o **assunto** é fundamental para uma comunicação bem-sucedida. Veja esta crônica de Fernando Sabino, em que se mostra que uma conversa prévia pode conter a chave de uma mensagem aparentemente cifrada:

Em Código

Fui chamado ao telefone. Era o chefe de escritório de meu irmão:

— Recebi de Belo Horizonte um recado dele para o senhor. É uma mensagem meio esquisita, com vários itens, convém tomar nota: o senhor tem um lápis aí?

— Tenho, pode começar.

— Então lá vai. Primeiro: minha mãe precisa de uma nora.

— Precisa de quê?

— De uma nora.

— Que história é essa?

— Eu estou dizendo ao senhor que é um recado meio esquisito. Posso continuar?

— Continue.

— Segundo: pobre vive de teimoso. Terceiro: não chora, morena, que eu volto.

— Isso é uma brincadeira.

— Não é não. Estou repetindo o que ele escreveu. Tem mais. Quarto: sou amarelo mas não opilado. Tomou nota?

— Mas não opilado — repeti, tomando nota. — Que diabo ele pretende com isso?

— Não sei não senhor. Mandou transmitir o recado, estou transmitindo.

— Mas você há de concordar comigo que é um recado meio esquisito.

— Foi o que eu preveni ao senhor. E tem mais. Quinto: não sou colgate, mas ando na boca de muita gente. Sexto: poeira é a minha penicilina. Sétimo: carona só de saia. Oitavo...

— Chega! — protestei, estupefacto. — Não vou ficar aqui tomando nota disso, feito idiota

— Deve ser carta em código, ou coisa parecida — e ele vacilou:

— Estou dizendo ao senhor que também não entendi, mas enfim... Posso continuar?

— Continua. Falta muito?

— Não, está acabando: são doze. Oitavo: vou mas volto. Nono: chega à janela, morena. Décimo: quem fala de mim tem mágoa. Décimo primeiro: não sou pipoca mas também dou meus pulinhos.

— Não tem dúvida, ficou maluco.

— Maluco não digo, mas como o senhor mesmo disse, a gente até fica com ar meio idiota... Estou acabando. só falta um. Décimo segundo: Deus, eu e o Rocha.

— Que Rocha?

— Não sei. É capaz de ser a assinatura.

— Meu irmão não se chama Rocha, essa é boa!

— É, mas foi ele que mandou. Isso foi.

Desliguei, atônito, fui até refrescar o rosto com água, para poder pensar melhor. Só então me lembrei: haviam-me encomendado uma crônica sobre essas frases que os motoristas costumam pintar, como lema, à frente dos caminhões. Meu irmão, que é engenheiro e viaja sempre pelo interior fiscalizando obras, prometera ajudar-me recolhendo em suas andanças farto e variado material. E ele viajou, o tempo passou, acabei esquecendo completamente o trato, na suposição de que o mesmo lhe acontecera.

Agora, o material ali estava, era só fazer a crônica. Deus, eu e o Rocha! Tudo explicado: Rocha era o motorista, Deus era Deus mesmo, e eu, o caminhão.

2. Às vezes a malícia e o humor nascem de um mal-entendido que tem a ver com o "assunto de que se fala", tendo origem num "equívoco de dêixis". Veja como isto acontece na história a seguir:

Bilhete complicado

O Gumercindo quando jovem era daqueles cavalheiros à moda antiga, que gostava de tudo certinho e no seu devido tempo. Namorava uma linda donzela, por quem estava realmente apaixonado.

Um dia, quando fazia uma viagem de negócios, Gumercindo entrou em uma loja e comprou um presente para a namorada: finíssimo par de luvas de "pelica". Só que na hora do embrulho, a balconista se enganou, e colocou na caixa uma calcinha de renda, e o pacote foi despachado pelo correio, com o seguinte bilhete:

"Estou mandando este presente para fazer-lhe uma surpresa. Sei que você não usa, pois nunca vi usar. Pena não estar aí para ajudá-la a vestir. Fiquei em dúvida com a cor, no entanto a balconista experimentou na minha frente e me mostrou que esta era a mais bonita. Achei meio larga na frente, mas ela me explicou que era para a mão entrar mais fácil e os dedos se mexerem bem. Você não deve lavar em casa por recomendação do fabricante. Depois de usar, passe talco e vire do avesso para não dar mau cheiro. Espero que goste, pois este presente vai cobrir aquilo que vou lhe pedir muito em breve. Receba um afetuoso abraço do seu Gumercindo".

(Marcos Vinícius Ribeiro Dias, Humor na Marolândia.
Paraguaçu, MG – Editora e Gráfica Papiro, 1996.)

3. A situação impõe às vezes condições muito específicas às frases que usamos. Isso faz com que certas coisas não façam sentido em certas situações. A seguir, você vai encontrar quatro diálogos bastante estranhos, que foram transcritos por Mary Louise Gilman de depoimentos feitos à justiça dos Estados Unidos. Aponte as falas que não fazem sentido na situação:

Primeiro diálogo: P. Pois bem, senhor Johnson, como terminou seu primeiro casamento?
R. Com uma morte.
P. E foi com a morte de quem, que ele terminou?

Segundo diálogo: P. Quantas vezes a senhora cometeu suicídio?
R. Quatro vezes.

Terceiro diálogo: P. O que aconteceu, então?
R. Ele me disse "Tenho que matar você, porque você pode me identificar.
P. E ele matou você?

Quarto diálogo: P. (o juiz mostra uma fotografia de homem) Este é o senhor?

R. Sim, meritíssimo.

P. O senhor estava presente quando a foto foi tirada, certo?

4. Explique esta tira, mostrando que o desentendimento de Hagar e Eddie Sortudo resulta interpretações diferentes dadas à palavra *aqui*.

HAGAR   DIK BROWN

5. Entre os dêiticos mais usados estão os tempos verbais, que localizam os acontecimentos no tempo, caracterizando-os como anteriores, simultâneos ou posteriores ao momento em que ocorre a fala. A letra do samba "Quem te viu, quem te vê", de Chico Buarque de Holanda contrasta realidades presentes (isto é, válidas no momento de fala) e verdades passadas (isto é, válidas em algum momento anterior ao da fala). Selecione os fatos passados e os fatos presentes, reescreva-os em duas colunas.

> *Você era a mais bonita*
> *Das cabrochas dessa ala*
> *Você era a favorita*
> *Onde eu era mestre-sala*
> *Hoje a gente nem se fala,*
> *Mas a festa continua*
> *Suas noites são de gala,*
> *Nosso samba ainda é na rua...*

6. Um dos problemas que os professores de primeiro grau encontram com mais freqüência nas redações de seus alunos consiste na presença de expressões anafóricas que não ficam esclarecidas pelo contexto lingüístico. Esse problema ocorre uma vez na redação transcrita a seguir. Localize a passagem em questão e tente explicar de quem podia estar falando a criança que escreveu a redação.

Redação: "O dia de azar"

Hoje é dia 13, sexesta feira.
Todo mundo diz que hoje é dia de azar"bom" hoje aconteceu uma coisa fora do comum vou começar "deis do começo".
Eu estudo na escola VERA CRUZ! Faço rodízio com a Maria Pedro, Rafa e Rodrigo sem falar na Suzana.
A Sandra traz hoje ela é mãe do Pedro.
Estavamos num aperto e num papo quando derrepente furol o peneu de traz do lado esquerdo já era 5:30 todo mundo saiu do carro pegamos o estepe paramos um pura MONSA "ele trocou o peneu" e na outra esquina furol o outro peneu paramos com sorte em frente a borracharia todo mundo chorou Buá!! Buá!! trocado os peneu fomos para casa e pum!! Mamãe falou chegou o dia da bomba atomica, e ela foi ver i era eu caida em sima da cama.
Fim essa estória e verdade verdadeira!!!

("O que significa ensinar língua materna?"
In José Luís Sanfelice, A Universidade e o Ensino de 1° e 2° Graus, Campinas, Papirus, 1988, pp.25-38)

7. Os lógicos chamam às vezes de "verdades eternas" àquelas sentenças que são verdadeiras, independentemente do tempo, lugar em que são afirmadas, e independentemente de quem são os interlocutores (por exemplo: "a água é um mineral", ou "um quadrado é uma figura de quatro lados"). No texto a seguir assinale com um traço as afirmações que são apresentadas como verdades eternas (as outras informações são apresentadas pelo texto como verdadeiras, apenas circunstancialmente verdadeiras).

Teste simples detecta problemas de surdez em recém-nascidos

De cada 1.000 crianças, uma nasce com problemas de surdez. Dados mundiais indicam que 60% dos casos são causados pela herança genética do bebê. No Brasil, mesmo que a maioria dos casos tenha causas não genéticas, como rubéola, meningite ou falta de oxigênio no parto, com a melhoria da atenção da saúde materno-infantil, a proporção de casos de origem genética tende a aumentar progressivamente. Entretanto, dificilmente a surdez é constatada antes que a criança complete dois anos. Nessa altura, ela já pode ter sofrido prejuízos, causados pela falta de estímulos cerebrais relacionados com a fala, que vão prejudicá-la pelo resto da vida. É consenso entre os médicos que a melhor época para o tratamento ocorre por volta de um ano e meio.

Um teste simples e barato pode mudar essa situação e mostrar, logo na maternidade, se o bebê tem o problema. É o que indicam os primeiros resultados de um estudo que vem sendo realizado no Centro de Biologia Molecular e Engenharia Genética da Universidade Estadual de Campinas. O teste, que custa apenas o equivalente a US$ 5, indica com certeza se o recém-nascido tem o problema genético mais comum relacionado com a surdez, a mutação 35delG no gene conexina 26.

8. Na narrativa que segue, foi assinalada a expressão que introduz, pela primeira vez, cada uma das personagens. Assinale as outras expressões que fazem referência às mesmas personagens e, em seguida, una com um traço todas as que falam da mesma personagem.

OUTRA DO PREGUIÇOSO

Esta é clássica. O sujeito era o mais preguiçoso que já havia aparecido na face da terra. Certo dia lá, disse que não trabalhava mais, e fim de conversa, preferia morrer de fome. A vizinhança, condoída, passou a levar comida para o preguiçoso. Mas, sabe como é, aquilo também já era demais. Resolveram fazer o enterro do preguiçoso. Ele num tinha dito que preferia morrer?
Na rua principal, um caboclo bão da cidade vizinha quer saber quem tinha morrido. Quando contam o causo, ele fica condoído:
— Mas não façam isso como o pobre diabo, sô! Olha aqui, eu ofereço uma saca de arroz para matar a fome dele, uai.
O preguiçoso abre uma fresta do caixão e grita lá de dentro:
— Cum casca ou sem casca?
— Cum casca, diz o prestimoso cidadão
E o preguiçoso, fechando o caixão:
— Intão segue o enterro.

9. Todas as frases que seguem foram copiadas de pára-choques de caminhões, portanto foram escritas para ser lidas pelos passageiros de outros veículos, na estrada. Tente dizer a quem fazem referência os pronomes grifados:
"Mulher feia e frete barato eu não carrego"
"Eu sou imortal, pois não tenho onde cair morto"
"Se você tem olho gordo, use colírio Diet"
"Muitos me seguem, mas um só me acompanha"
"Respeite o meu trabalho, respeitarei o seu passeio"
"Não me acompanhe que não sou novela"

(*Piadas e Pára-Choques, n° 1*, publicação vendida nos postos de serviço da conessionária AUTOBAN)

10. Transforme as três tirinhas da seção **Atividades** em três pequenas narrativas, de que você será o narrador. Faça em seguida um balanço das palavras e construções que tiveram que ser mudadas.

Descrições definidas e indefinidas

Objetivo

Caracterizar o papel dos sintagmas nominais como recurso para identificar os objetos de que tratam nossas frases.

Caracterização geral

As descrições são sintagmas nominais que têm por núcleo um substantivo comum (como "um <u>estacionamento</u> perto do shopping", "a <u>casa</u> em que viveu Rui Barbosa" etc.). Juntamente com os nomes próprios e certos dêiticos, as descrições servem para constituir os objetos do mundo em referentes de nosso discurso. Usamos descrições o tempo todo, mesmo porque muitos objetos não têm nome próprio. Ainda quando os objetos têm nome, pode ser vantagem usar as descrições, porque elas apontam características relevantes dos próprios objetos.

Material lingüístico

✓ Um dos meios mais usados para fazer referência a algum objeto num texto, consiste em usar uma descrição indefinida na primeira referência e descrições definidas (ou pronomes anafóricos) nas referências seguintes.
Exemplo:
Era uma vez <u>um rei</u> que tinha <u>uma filha superbonita</u>. Certo dia, <u>o rei</u> chamou <u>a filha</u> e assim falou...

✓ Uma descrição se compõe, tipicamente, de um determinante (artigo, indefinido) e um substantivo comum, e inclui freqüentemente adjetivos e orações adjetivas:
Um menino.
Um menino que vinha passando.
O funcionário.
O funcionário uniformizado.

Alguns pacotes.

Alguns pacotes que tinham caído na água etc.

✓ São descrições <u>definidas</u> aquelas que começam com o artigo definido, e de descrições <u>indefinidas</u> aquelas que começam com o artigo indefinido, respectivamente.

Atividade

A charge que segue é uma caricatura do tempo da Segunda Guerra Mundial, saída da pena do desenhista brasileiro Belmonte. As personagens enfileiradas são os chefes de Estado dos principais países em guerra: o ditador chinês Chiang Kai-Shek, o presidente norte-americano Theodore Roosevelt, o ditador alemão Adolf Hitler, o primeiro-ministro inglês Winston Churchill, o ditador italiano Benito Mussolini e o imperador japonês Hiroíto. A ordem não é essa. Identifique as seis personagens, sabendo que:

1. O primeiro ministro-inglês e o presidente norte-americano usam roupas civis,
2. Churchill e Chiang Kai-shek são carecas;
3. Hitler e Hiroíto usam bigodinho;
4. Os dois ditadores da Itália e da Alemanha estão um ao lado do outro.

Exercícios

1. Uma mesma pessoa pode ser identificada por meio de duas ou mais descrições diferentes. Por exemplo, <u>José Bonifácio de Andrada e Silva</u> e o <u>Patriarca da Independência</u> identificam uma mesma pessoa. Nas sentenças a seguir, substitua os nomes grifados por uma descrição definida:

a) O navio de <u>Pero Fernandes Sardinha</u> naufragou e ele foi devorado pelos índios antropófagos que então habitavam a costa do Maranhão.

b) Oscar Niemeyer e Lúcio Costa projetaram Brasília a pedido do <u>presidente Juscelino Kubitcheck de Oliveira</u>.

c) Desembarcando na Baía de São Salvador, <u>D. João VI</u> abriu os portos brasileiros a todas as nações amigas;

d) O processo que levaria à condenação de <u>Tiradentes</u> arrastou-se por meses;

e) <u>Lampião</u> tinha por nome de batismo Virgulino Ferreira.

f) <u>Roberto Carlos</u> foi por muitos anos campeão absoluto da venda de discos, no Brasil.

g) O <u>Banco do Brasil</u> foi fundado por Dom João VI, logo que ele desembarcou no Brasil em 1808.

h) <u>Machado de Assis</u> começou sua carreira como tipógrafo da Imprensa Nacional.

2. Pesquise as siglas transcritas a seguir. Diga o que significam e qual é a função das entidades que elas nomeiam:

Funai: Fundação Nacional do Índio. Trata das questões referentes à questão indígena, no Brasil.

Inmetro: . . . .

Anatel: . . . .

Ambev: . . . .

Procon: . . . .

FGTS: . . . .

CIC: . . . .

Cep: . . . .

CPF: . . . .

BC: . . . .

ONU: . . . .

Unesco: . . . .

3. Explique o que vem a ser a razão social de uma firma e em que a "razão social" se distingue do nome de fantasia da mesma firma. Dê exemplos.

4. Pense num objeto bem velho, que exista em sua casa, e imagine que você quer vendê-lo. Redija um anúncio de jornal, em que você põe à venda esse objeto.

5. O "aposto" é geralmente uma descrição que se acrescenta a um nome próprio. Nas orações a seguir, foi dada a descrição (o aposto) mas não o nome. Pede-se que você descubra esse nome, fazendo, se for preciso, uma pequena pesquisa.

a) ...., o brasileiro que inventou o avião, suicidou-se ao saber que sua invenção estava sendo usada na guerra, para fins militares.

b) ....., o artista brasileiro que pintou o painel de entrada do prédio da ONU em Nova Iorque, também pintou imagens de santos e de pessoas do povo na catedral de Batatais

c) O físico que formulou a teoria da relatividade, ..., foi considerado um estudante fraco por seus professores de graduação.

d) A personagem feminina do romance Dom Casmurro, ..., é considerada uma das grandes criações da literatura universal.

e) O atual presidente da República, ...nasceu no século XX.

f) A mais poderosa emissora de televisão do país, a .... está interessada em dominar não só os programas de entretenimento, como também os programas educativos.

g) A apresentadora do quadro "É o tchan", ..., foi lançada por uma emissora de televisão de segunda categoria.

h) O apresentador de TV que faz sucesso com o programa "Baú da Felicidade", ..., chama-se, na realidade, Senor Abravanel.

6. Quem é quem? Monte um quadro das pessoas que desempenham alguma função, na sua escola (ou na firma em que você trabalha, etc.), como, por exemplo:

José Oliveira — Diretor-presidente
Pedro Pereira — Diretor de recursos humanos
Mário Teixeira — Diretor de produção
Cristiano Palmeira — Gerente de vendas...

7. Faça um pequeno mapa, com as cinco ou seis ruas e praças mais importantes de sua cidade/de seu bairro. Não se esqueça de anotar no mapa os nomes das ruas. Em seguida, pense em alguma característica de cada uma dessas ruas que bastaria para identificá-las, sem recorrer ao nome. (Ex. A rua João Dias é a rua da Delegacia de Polícia, a rua José Tavares é a rua em que fica a Ótica Modelo etc.)

8. Há cidades em que a numeração dos ônibus permite saber em que bairro ficam os terminais de cada linha (por exemplo 318 significa 3 – Fonte Luminosa/18 – Parque da Saudade). Consiga uma lista das linhas de ônibus de sua cidade, e verifique se a numeração identifica o percurso.

9. Para enfeitar sua linguagem, os locutores esportivos costumavam, no passado, dar às cidades algum nome capaz de evocar uma característica saliente de sua história, de seu clima ou de sua economia: Campinas era, então, a "Cidade das Andorinhas", Araraquara, a "Cidade Morada do Sol", Jundiaí, a "Capital da Terra da Uva" etc. Descubra, em sua família ou em seu círculo de amigos, alguém que

ainda se lembre dessas denominações: peça a ele um pequeno depoimento a respeito.

10. Pense em denominações de cidades que poderiam começar por "a capital de...": a Capital do Bordado = Ibitinga, a Capital do Calçado = Franca etc. Quantos destes nomes você conhece?

11. Diferentes descrições podem ser igualmente eficazes para identificar um determinado indivíduo, uma determinada coisa. Mas a escolha entre essas descrições pode não ser indiferente do ponto de vista ideológico. Objetivamente, Getúlio Vargas, foi todas estas coisas:

✓ o estadista que criou a Companhia Siderúrgica Nacional;

✓ o presidente que criou o salário mínimo;

✓ o chefe do Executivo que promulgou a primeira legislação trabalhista, no Brasil;

✓ o ditador que aboliu as liberdades políticas dos brasileiros, durante o Estado Novo (1937-1945);

✓ o chefe de Estado que entregou a Hitler a esposa de Luís Carlos Prestes;

✓ o governante que instituiu a censura, através do Departamento de Imprensa e Propaganda;

✓ o chefe de Estado que criou o programa radiofônico "A voz do Brasil".

Quais, dessas descrições teriam realmente chance de aparecer no discurso dos partidos políticos que, ainda hoje, se declaram herdeiros do ideário político de Getúlio Vargas?

Elementos conceituais e afetivos do sentido

Objetivo

Reconhecer que as palavras podem revelar diferentes atitudes e avaliações a respeito das realidades de que se fala, além de fornecer informações "objetivas".

Caracterização geral

No sentido das palavras, combinam-se sempre elementos conceituais e elementos afetivos. Os primeiros referem-se a características "objetivas" das realidades de que falamos, e por isso mesmo contribuem para descrevê-las de maneira relativamente neutra; os outros apontam sobretudo para as associações e reações que nos provocam. Como essas associações são sempre próprias de grupos determinados, a presença de elementos afetivos no sentido de uma palavra obriga-nos a considerar as posições (políticas, religiosas etc.) de quem fala e a lidar com o preconceito.

Uma boa maneira de separar os elementos conceituais e afetivos no sentido de uma expressão consiste em relacioná-los a diferentes funções da linguagem: os elementos conceituais realizam normalmente a função referencial (centrada na realidade de que se fala); os afetivos realizam normalmente a função expressiva ou conativa (centradas no locutor ou receptor).

Material lingüístico

As palavras ou expressões da língua combinam os elementos conceituais e afetivos em proporções diferentes. Se um empregado revoltado usa as expressões
(1) "É engenheiro formado";
(2) "É hipertenso";
(3) "É esclerosado";
(4) "É autoritário";

para falar do chefe imediato, há chances de que a carga de informações objetivas seja maior em (1) e (2) do que em (3) e (4): no limite, (3) e (4) poderiam ser apenas formas de xingamento, pelas quais o empregado em questão verbaliza a antipatia que tem pelo chefe.

Os elementos afetivos são particularmente importantes na significação de palavras que se referem a experiências sobre as quais pesam valores e preconceitos (por exemplo as diferenças raciais e étnicas, as opiniões políticas, a religião, a estratificação social, as opções sexuais) ou a hábitos e situações que a sociedade estigmatiza.

Um fenômeno relacionado aos elementos afetivos do sentido é o **eufemismo**. O eufemismo (em grego "boa fala") é o processo por meio do qual atuamos sobre os elementos afetivos, de modo a minimizar as associações/representações desagradáveis que associamos a uma determinada realidade.

Atividade

Muitas expressões que hoje são percebidas como neutras foram eufemismos no passado: um bom exemplo é *campo de concentração*, uma expressão que foi usada originalmente para afastar associações indesejáveis como a de perda da liberdade de ir e vir, a imposição de pesadas rotinas de trabalho, a violência etc. As associações nada agradáveis que fazemos hoje com a expressão *campo de concentração* mostram que, com o tempo, os eufemismos sofrem desgaste e perdem sua capacidade de "dourar a pílula".

Pense no uso que tem sido feito, nos últimos tempos, em nossa sociedade, de palavras como *terceirizar, redimensionar, racionalizar*, aplicadas ao emprego, ou de palavras como *remarcar, realinhar*, aplicadas aos preços, ou ainda *privatizar*, aplicado às vendas por preço aviltado de empresas estatais: não se trata de eufemismos modernos? Que outros "eufemismos modernos" você já ouviu?

Exercícios

1. Uma das mais antigas e mais bonitas reflexões sobre a liberdade está contida na fábula do cão e do lobo, que remonta no mínimo ao escritor romano Fedro, que nasceu escravo. Contada por um "narrador onisciente", a história é esta:

> Um lobo faminto e esfomeado encontra-se com um cão forte e valente. Animais da mesma família, os dois entabulam um diálogo em que o lobo elogia o vigor e a forma do cão, e o cão, por sua vez, tenta convencer o lobo trocar sua vida selvagem e errante por uma boa casa em que nada lhe faltará. O lobo fica tentado, e pergunta quais são as condições para ganhar comida de graça. "Quase nada", responde o cão, "é

só espantar os mendigos e fazer festas para o dono". Quando o lobo já está caminhando para dentro da casa, ao lado de seu parente, observa no pescoço deste algumas cicatrizes. "Que é isso?" pergunta ele. "Nada, são as marcas da corrente com que me prendem". O lobo reflete que o conforto do cão não vale a liberdade e vai-se embora.

Tome o lobo e o cão como representantes de dois pontos de vista diferenciados. Reescreva duas vezes a história: a) contada a partir do ponto de vista do cão; b) contada a partir do ponto de vista do lobo.

2. Alguns dos mais odiosos episódios de violência e perseguição da história da humanidade ficaram definitivamente relacionados a títulos que haviam sido criados para mascarar seus verdadeiros propósitos. Procure saber o que foram estes episódios, e recupere seu outro nome:
✓ a "solução final" de Hitler;
✓ a investigação realizada pela "Comissão para atos antiamericanos" de Mac Carty;
✓ as várias formas de "limpeza étnica" praticadas na península balcânica, depois do desmembramento da antiga Iugoslávia;
✓ as "purgas" do estalinismo.

3. No trânsito de uma grande cidade, temos às vezes a oportunidade de ouvir xingamentos. Faça uma listinha de xingamentos que evocam tipicamente situações de trânsito e, depois, tente determinar se algum deles dá informações objetivas sobre a pessoa xingada, sobre a maneira como dirige, ou sobre a manobra de trânsito que o provocou.

4. As palavras "leproso, morfético e lazarento" indicavam, antigamente, as pessoas acometidas de lepra. Hoje, apenas a primeira das três palavras sobrevive com esse sentido, ao passo que as outras duas só se mantêm como termos de xingamento. Algo análogo aconteceu com o particípio passado "safado", que ninguém já conhece com o sentido de "gasto pelo uso". Conhecendo a distinção entre elementos conceituais e elementos afetivos do sentido, como você explicaria essa evolução?

5. No dia 1º de junho de 2000, as televisões do país transmitiram imagens captadas de um helicóptero, em que se mostrava o Governador de São Paulo, Mário Covas, forçando a abertura do portão da frente do prédio em que funciona hoje a Secretaria da Educação do Estado, bloqueada por professores em greve; na ocasião, o governador Covas foi atingido por objetos atirados contra ele, recebendo ferimentos na testa e na boca. Alguns dias antes, a televisão havia documentado um episódio em que um manifestante atingia o mesmo Covas com o mastro de uma bandeira, e outro em que o ministro da Saúde, José Serra, recebia um ovo na cabeça. Como era

de esperar, o episódio da Secretaria da Educação foi objeto, nos dias seguintes, de muitas avaliações e comentários. Todas essas **interpretações** emanavam, evidentemente, de posições políticas definidas e, na medida em que eram dadas a conhecer ao grande público, constituíram novos atos políticos, num momento de muitos protestos e paralisações. No pequeno dossiê que segue, foram reunidas algumas dessas interpretações. Leia-as e comente os expedientes lingüísticos e retóricos por meio dos quais os autores, independentemente da posição política que representam, passam dos fatos à interpretação. Alguns desses expedientes são:

a) dividir o episódio em diferentes momentos, comentando mais detidamente os que favorecem o ponto de vista defendido;
b) inserir o episódio numa série de episódios análogos, interpretando toda a série;
c) qualificar o episódio por meio de expressões que o avaliam globalmente (agressão/provocação);
d) apresentar possíveis vítimas dos comportamentos que se quer criticar etc.

AONDE QUER CHEGAR O GOVERNADOR DE SÃO PAULO?

Todo o Brasil viu as imagens dos fatos ocorridos na tarde de 1º de junho na Praça da República, centro de São Paulo.

Ao chegar à praça a intenção do governador Mário Covas não era dialogar com os professores acampados no local. Sua atitude foi de desafio, provocando as pessoas presentes. Seus seguranças iniciaram o conflito, destruindo barracas e objetos, num momento em que a maioria no local eram mulheres e crianças.

Com bravatas como essa, Covas põe em risco sua segurança e a dos manifestantes. Houve vários feridos na Praça da República.

O governador teria uma atitude mais corajosa reunindo-se com as entidades do magistério para negociar e atender nossas reivindicações.

O pretexto do governador para estar no local seria um suposto compromisso na Secretaria Estadual da Educação, mas não é usual sua presença ali. Naquela tarde não havia reunião agendada naquela Secretaria.

Registramos também nossa estranheza quando ao comportamento de algumas emissoras de televisão que, sem que nenhum fato novo justifique, decidiram gravar imagens do local pouco antes da chegada do governador. Também algumas emissoras de rádio que não tinham repórteres na Praça da República levaram ao ar boletins logo após o ocorrido, cujo teor "coincidia" com a versão que seria divulgada pelo governo logo em seguida.

Mário Covas poderia ter ingressado no prédio pela entrada que tem sido utilizada pela secretária Rose Neubauer e pelos funcionários da S.E.E., pois o acampamento bloqueia a porta principal há 20 dias. Não o fez deliberadamente, para provocar o conflito e obter um pretexto para não negociar, visto que sua intransigência tornou-se insustentável diante da sociedade e de sua própria base de apoio parlamentar.

Agindo dessa forma, o governador desonra o cargo que ocupa e presta um desserviço à sociedade, desviando as atenções da mídia e da população do necessário debate em torno da situação da escola pública no Estado de São Paulo para os conflitos de rua que seu governo vem produzindo.

Em diversos momentos, sem a provocação do governo e de sua tropa de choque, organizamos assembléias e manifestações com milhares de pessoas sem incidentes.

Nós, professores, insistimos: queremos diálogo e negociação. Somos contra a reforma do ensino médio do governo, que compromete a qualidade do ensino. Queremos a organização do tempo escolar com seis aulas no diurno e cinco no noturno, classes com máximo de 35 alunos, mais segurança nas escolas, a volta das matérias importantes ao currículo escolar, o fim da aprovação automática, piso de cinco salários mínimos e outras melhorias nas escolas estaduais.

Estamos em luta em defesa da escola, dos serviços públicos, do emprego e do salário, e isso interessa a toda a sociedade.

DIRETORIA DA APEOESP (Associação dos Professores do Ensino Oficial do *Estado de S. Paulo*).

Covas afirma que agiu certo ao enfrentar grevistas na República

GABRIELA MATHIAS
DA REPORTAGEM LOCAL

O governador Mário Covas (PSDB) disse ontem ter feito o que era preciso, ao enfrentar, na última quinta-feira, cerca de cem professores acampados na frente da Secretaria da Educação, no centro de São Paulo. [...]

Pesquisa do Datafolha, feita na quinta-feira com 428 moradores da cidade que possuem telefone, mostrou que Covas agiu mal para 56%, causando um conflito que poderia ter sido evitado.

O governador acabou sendo apedrejado feriu a cabeça e o lábio. Três professores estão presos no 3º Distrito Policial.

"Havia 400 mulheres sitiadas dentro da secretaria, obrigadas a entrar e sair do prédio pela garagem", disse Covas.

O governador disse que, com a liberação do portão principal, que ocorreu na sexta-feira por volta das 23h40, o comando de greve "finalmente poderá entrar no prédio para negociar".

Covas disse que ainda não há contrapropostas às reivindicações dos grevistas.

O novo impasse entre acampados e governo é a prisão dos três professores acusados de agredir Covas na quinta-feira.

A decisão de liberar os portões veio acompanhada

de uma ressalva: se os presos não fossem libertados, haveria outra plenária para decidir se a entrada principal seria novamente vedada pelas barracas.

O secretário de Estado da Segurança Pública, Marco Vinício Petrelluzzi, disse pouco antes da liberação do portão que acionaria a polícia para manter abertas as portas do prédio. Ontem à tarde, os professores planejavam fazer um ato na frente do 3º DP.

Sobre o ovo que foi jogado no ministro José Serra (Saúde), o assessor do governador, Paulo Rocha, perguntou se "o terno já foi mandado para a tinturaria".

BORIS FAUSTO

Repulsa às agressões

A INTOLERÂNCIA grosseira revelada nas agressões sofridas por pessoas do governo não pode ser tida como episódio isolado, nem tomada como fato de menor importância.

Vou me concentrar no exemplo do governador Mário Covas, que tem sido o alvo mais ostensivo dessas agressões. A última – pelo menos enquanto escrevo estas linhas – ocorreu na quinta-feira passada, quando um grupo de professores, acampados no centro de São Paulo, atacou o governador com paus, pedras, laranjas, etc. atingindo-o na testa e na boca.

Se o emprego da violência contra qualquer autoridade é inadmissível, ele se torna ainda mais condenável quando tem por alvo uma figura política que teve papel destacado na luta contra o regime militar.

Desde logo, quando se constata que vários dos agressores são professores, é preocupante imaginar qual tipo de relação que essas pessoas têm com seus alunos quando a porta da sala de aula se fecha. Que papel educativo, que vínculo positivo, podem ter com os alunos personagens enraivecidos e descontrolados que abandonam o diálogo, trocando-o pela agressão física? Por outro lado é preciso ponderar que o comportamento do governador Covas merece reparos. É conhecido seu estilo de "pavio curto", que até aqui lhe tem valido tanto elogios quanto críticas. Mas, na atual conjuntura, esse estilo não pode ser aceito como uma simples escolha pessoal.

Ao recusar uma segurança adequada, ao partir para o bate-boca com indivíduos que não têm o menor interesse em argumentar, o governador se expõe a uma violência que atinge não a ele pessoalmente – o que já é muito – mas ao mandato popular de que está investido. Caso as agressões continuem, elas acabarão se banalizando, como se fossem uma atitude normal, justificada pelo "direito à livre manifestação", com paus, pedras e bordoadas.

[...] A crítica ferrenha – justa ou injusta, pouco importa – à política do governo é um elemento constitutivo do jogo democrático. Mas a agressão física é o oposto da liberdade de crítica. Quando a oposição a justifica, contribui para privilegiar a força, e não a palavra, como instrumento da luta política.

Quem é intransigente?
JOSÉ MARIA DE ALMEIDA E LINDBERG FARIAS

O governador de São Paulo, Mário Covas, fez na última quinta-feira uma agressão consciente e planejada contra os funcionários públicos em greve. Fez uma "visita" surpresa à Secretaria da Educação, forçando a entrada pela porta da frente, que estava bloqueada pelo acampamento dos professores grevistas. Para isso, ele, sua comitiva, seus seguranças e soldados da Polícia Militar agrediram manifestantes, colocaram as barracas no chão, e passaram.

Isso ocorreu tanto na entrada como na saída do governador. Covas não foi fazer visita coisa nenhuma, até porque nem mesmo a secretária da Educação nem os policiais ou qualquer funcionário da casa estavam preparados para recebê-lo. Simplesmente, o governador armou uma provocação, para gerar conflito (o que de fato acabou ocorrendo), ser agredido e tentar jogar o conjunto da sociedade e os meios de comunicação contra os professores em greve.

Se Covas estivesse lá para fazer uma visita, poderia muito bem entrar pelas outras entradas da secretaria, como fazem os funcionários e a própria secretária desde o início do acampamento – que, diga-se de passagem, é uma justa forma de protesto de uma categoria massacrada pelo arrocho e pelas demissões impostos pelo governo tucano.

Foi também uma provocação porque Covas não fez nenhum gesto para abrir qualquer canal de negociação, seja com professores ou servidores da saúde.

E, para não deixar dúvidas de que deseja derrotar os movimentos que questionam sua política econômica (a mesma do FMI), no mesmo dia 1° de junho o governo do Estado de São Paulo fez outra provocação: recorreu no Tribunal Superior do Trabalho da sentença do TRT paulista no julgamento do dissídio dos metroviários.

O governo não quer pagar 6% como determinou o TRT. Isso mesmo, o governador Covas acabou também provocando a greve dos metroviários por causa de uma sentença de 6% de reajuste salarial (sendo 4% de reajuste e 2% a título de produtividade). Em São Paulo fazem greve os professores, os servidores da saúde, os docentes, funcionários e estudantes das universidades paulistas, os metroviários. Diante desse movimento, que reivindica reajustes salariais e manutenção de direitos, Covas responde com truculência, provocação e in-

transigência. E cada vez mais repressão e truculência.

Recentemente, para desocupar um terreno na zona leste da cidade de São Paulo a favor de um grileiro, terreno onde centenas de famílias residiam havia 1 ano, Covas jogou a tropa de choque sem dó nem piedade sobre mulheres, crianças e idosos, que foram desalojados de suas casas na pancada, no pior estilo da ditadura militar.

Os professores e servidores da saúde, quando terminam suas assembléias, costumam entoar uma palavra de ordem que diz: "A greve continua. Covas, a culpa é sua". Nada mais correto, pois, ao contrário do que quer passar para a opinião pública, não são os grevistas os intransigentes. Por exemplo, os professores em greve até já manifestaram que aceitariam discutir a grade curricular à frente do índice salarial.

Mas a resposta é tropa de choque, provocações explícitas, nenhuma negociação. E, quando perde, o governo recorre a sentenças judiciais. Quem é então o intransigente, aqui? O intransigente, autoritário, neste momento – e que faz lembrar os piores momento do governo de Paulo Maluf sob a ditadura militar (1978-1982) – é o senhor Mário Covas.

Na verdade, senhor governador, seu governo é uma caricatura de democracia. A propósito, vive-se o pior dos mundos em São Paulo: oito anos de malufismo na capital e seis de covismo no Estado. O resultado é o caos social.

Enquanto isso, um servidor da saúde ganha em torno de R$ 200, um professor do ensino médio, R$ 650. Para eles não há nada, nem bom dia, apenas repressão e provocação[...].

6. As técnicas de que o falante dispõe para construir eufemismos são várias: uso de figuras de linguagem ("descansou" por "morreu"), uso de termos científicos por termos populares ("desidratação" por "diarréia" ou "caganeira"), siglas ("ele per-

deu o emprego porque mandou a coordenadora à PQP"), etc. Explique qual foi o procedimento usado para obter estes eufemismos:

✓ FDP.
✓ Tirar água do joelho.
✓ Passar um fax.
✓ Trocar o óleo/afogar o ganso.
✓ Descascar o palmito.
✓ Ter um troço.

7. A pinga sempre foi, no Brasil, uma bebida popular, e os excessos de seu consumo são fortemente estigmatizados pelo valor pejorativo que assumem palavras como "pinguço", "manguaceiro", "cachaceiro", "biriteiro", "pau d'água" etc. Mas nos últimos anos, vão se tornando comuns as marcas de pinga destinadas ao consumo da classe média e alta. Os rótulos dessas marcas apregoam um produto de qualidade superior (envelhecimento em tonéis de carvalho, fabricação por procedimentos tradicionais...) e evitam as palavras que evocariam uma representação negativa. Você vai ler a seguir algumas denominações que são (ou já foram) aplicadas à pinga. Quais você acha que teriam chances de aparecer no rótulo de uma marca destinada a classes de alto poder aquisitivo?

✓ água que passarinho não bebe;
✓ aguardente;
✓ aguardente de cana;
✓ aperitivo de cana;
✓ cachaça;
✓ caninha;
✓ cobertor-de-pobre;

✓ dindinha;
✓ malunga;
✓ mata-bicho;
✓ parati;
✓ pinga;
✓ quebra-goela;
✓ mel.

8. Um dos pontos altos da campanha para a presidência da República, em 1988, foi o debate entre os candidatos Collor e Lula, realizado às vésperas do segundo turno em uma emissora de TV de São Paulo, com a mediação do jornalista Bóris Casoy. Em sua primeira fala nesse debate, Collor caracterizou-se como paladino da **democracia**:

1. De um lado está a candidatura de centro-democrático por mim representada; do outro lado está uma candidatura que esposa teses estranhas ao nosso meio, teses marxistas, teses estatizantes, teses que não primam pelos princípios democráticos consagrados na nova Carta Constitucional [...]

2. O que nós estamos vendo no Leste Europeu é a demonstração [...] de que os princípios democráticos devem ser observados. [...] Lá no Leste Europeu não havia liberdade, não há liberdade de imprensa não há livre-iniciativa, há sim a presença do Estado, enorme, maciço, corrupto, interventor, lá não há

liberdade de se comprar aquilo que se deseja, lá não há liberdade de salários, lá não há competição, lá não há eficiência, lá não há felicidade.
3. [...] É possível nós construirmos uma sociedade democrática. Mas uma sociedade democrática com absoluta liberdade, com meios perfeitamente compatíveis como quer a nossa constituição, sem utilizarmos da luta armada, da intolerância, da baderna, da bagunça, do caos, do desrespeito mais absoluto como querem aqueles que se contrapõem à nossa proposta".

Analise a retórica dessas passagens. Você acharia correto dizer que a argumentação de Collor explora os medos dos eleitores? E que, nesse contexto, a palavra **democracia** se torna sinônimo de valores como "manutenção da ordem", "consumismo" e "livre competição"?

9. Por que negritude é politicamente correto, e negrice não é?

10. Nos anos 1960 e 1970, o MEC, por meio de um órgão que fornecia material escolar, distribuiu centenas de milhares de cópias do *Dicionário Escolar da Língua Portuguesa*, que se destinava às classes do nível médio. Os verbetes *Judeu* e *Judiaria* desse dicionário irritaram muitos leitores, porque registravam usos "politicamente incorretos":
    Judeu, adj. e s.m. - Relativo à Judéia e ao povo desta região da Palestina antiga; natural ou proveniente da Judéia; aquele que segue a religião judaica; hebreu; (pop.) especulador, negocista.
    Judiaria, s.f. - Grande porção de judeus; bairro destinado aos judeus; (fig.) apoquentação; chacota; mofa, pirraça, maus-tratos; crueldade."

Como você concebe a função de um bom dicionário (particularmente um dicionário escolar)? Ele é um instrumento descritivo ou prescritivo? ele deve:
    a) registrar quaisquer usos, inclusive os usos que ajudam reforçar preconceitos?
    b) registrar apenas os usos politicamente corretos, sancionando dessa forma o seu uso?
    c) adotar alguma solução de meio-termo? Qual?

11. Na mesma página em que noticiou que o líder do Movimento dos Sem Terra, José Rainha Júnior, havia sido absolvido em seu segundo julgamento, realizado em Vitória no dia 5 de abril de 2000, o jornal *A Folha de S. Paulo* publicou duas entrevistas: uma, do próprio José Rainha, e outra, da viúva do fazendeiro cujo assassinato lhe havia sido imputado. Nas duas entrevistas aparece uma mesma expressão, usada para falar dos dois desfechos possíveis do caso. Qual é essa expressão? Por que essa expressão pode referir-se a dois desfechos tão diferentes?

Condenação foi uma farsa, diz sem-terra

dos enviados especiais

O líder do Mst, José Rainha Júnior, 39, se disse feliz com o resultado, e mais convicto da necessidade de mudar "essa estrutura podre". "Vou voltar à minha vida normal, que é trabalhar e organizar os pobres deste país" [...]. Leia abaixo os principais trechos da entrevista dada por ele minutos depois da absolvição.

Pergunta – Como o sr. se sente com a absolvição?

José Rainha – A verdade é como a Justiça divina tarda, mas não falha. É a vitória do Movimento Sem Terra, dos trabalhadores, da sociedade organizada. A minha atuação sempre foi buscar a reforma agrária para defender a vida. A vida desse povo humilde, pobre, miserável. [...]

Pergunta – Como o Mst vai se comportar a partir de agora?

Rainha – Vai se comportar como sempre se comportou nesse país. Questionar o latifúndio improdutivo e lutar pela justiça para que Corumbiara e Eldorado do Carajás não continue impune.

Pergunta – Esse resultado após o primeiro julgamento é um alívio?

Rainha — É um alívio. O julgamento passado foi uma farsa. [..]

"Justiça de Deus não falha", afirma viúva

dos enviados especiais

A viúva do fazendeiro José Machado Neto, Aline Machado, 61, acompanhou os primeiros dois dias de julgamento ao lado das filhas e disse ter certeza da culpa de José Rainha na morte de seu marido. "Estou esperando justiça há 11 anos", afirmou. [...]

Nos primeiros dias de julgamento, ela falou várias vezes à *Folha* sobre o caso. Leia trechos a seguir:

Folha – A senhora acredita que José Rainha participou da morte de seu marido?

Aline Machado – Tenho certeza. À época, todos disseram que ele estava em Pedro Canário [...]

Folha – O que a senhora acha da manifestação dos militantes sem terra em solidariedade a Rainha?

Aline – Acho muito errado. Quando eu cheguei, passei pelo meio deles. Eles recebem Zé Rainha como herói, mas herói sou eu, que estou esperando há 11 anos.

Folha – Qual a sua expectativa daqui para a frente?

Aline – A justiça da terra é falha, mas a de Deus não falha. Quero justiça, estou esperando há 11 anos.

(*Folha de S. Paulo*, 6.4.2000)

Frases feitas

Objetivo

Explorar o funcionamento das expressões "idiomáticas", contrastando-as com as expressões "composicionais".

Caracterização geral

Chamamos de **idiomáticas** as expressões, compostas de diferentes palavras, cujo sentido vale para o todo, e não pode ser obtido pela montagem dos sentidos das palavras que as compõem, ex. "rodar à baiana" ou "armar o barraco" por brigar, "roer a corda" por fugir, ou "andar no mundo da lua", por ser distraído etc.

O oposto das expressões idiomáticas são as expressões **composicionais**; nestas últimas, as palavras mantêm seu sentido corrente, e são analisadas uma a uma, de modo que é possível entender o sentido do todo como uma "composição" ou "montagem", a partir do sentidos das partes.

Material lingüístico

✓ Uma característica própria das expressões idiomáticas é que elas apresentam um forte grau de fixidez, isto é, não podemos substituir as palavras que as compõem por outras, nem mudar sua ordem, nem intercalar outras palavras: podemos dizer que alguém fez um determinado trabalho *com um pé nas costas*, mas não seremos entendidos se dissermos que ele fez o trabalho "com um pé no dorso ou na cacunda", nem que ele fez o trabalho "com um pé inchado nas costas" etc.

✓ As expressões idiomáticas podem fazer o papel de:
  – substantivos: **um deus-nos-acuda** (= uma confusão);
  – adjetivos: A diretora é uma **Maria-vai-com-as-outras** (= indecisa);
  – verbos: O moço que tinha visto o atropelamento **fez boca de siri** (= calou-se, não falou nada);
  – orações inteiras: **em rio de piranha, jacaré nada de costas** (= em determinadas circunstâncias, todo cuidado é pouco).

✓ Uso de certas expressões idiomáticas é até certo ponto próprio de certas faixas etárias, de certas regiões ou de certas culturas; por isso tem um forte valor conotativo (ver capítulo: *Conotação*). Por exemplo, somente pessoas de uma geração muito antiga usariam hoje as expressões "passar a manta" e "jogar a manta" com o sentido de "enganar", ou "fazer pé de alferes a uma moça" no sentido de "cortejar a moça".

✓ Entre as expressões idiomáticas que valem por orações inteiras, estão os provérbios, que geralmente encerram uma "moral".

Atividade

Adivinhar o provérbio. Uma parte da equipe sai da sala; outra parte da equipe sai e prepara em poucos minutos uma mímica que deverá servir de pista para que a outra parte da equipe possa "adivinhar" um provérbio conhecido. Quando o mistério é desvendado, ou ao cabo de um certo tempo, será a vez de outra equipe.
Provérbios sugeridos:

Em rio de piranha, jacaré nada de costas.
Melhor um pássaro na mão do que dois voando.
Quem dá aos pobres empresta a Deus.
Quem cala consente.

Exercícios

1. Colecione pelo menos cinco expressões idiomáticas que são usadas, tipicamente, pelas pessoas mais velhas. Junto com a expressão idiomática, deverá ser colecionada a sua significação, e a cidade ou região em que a expressão era usada.
Ex. "estar de bonde" = estar de braço com a namorada/interior de São Paulo (mesmo em cidades onde nunca houve bondes).

2. Algumas expressões idiomáticas fazem referência a personagens cuja identidade se perdeu no tempo. Mas não custa imaginar quem seriam e como seriam essas personagens. Como é que você imagina:
   a) O Onça, do *tempo do Onça*.
   b) O Lima de *mandar o Lima*.
   c) O Neves de *até aí morreu o Neves*.
   d) Os Afonsinhos *de no tempo dos Afonsinhos*.
   e) A Mãe Joana de *a casa da mãe Joana*.

f) O Hugo de *chamar o Hugo.*
g) A catedral de Braga de *mais velho que a sé de Braga.*

3. Escritores mais ou menos famosos já se inspiraram em expressões idiomáticas para criar histórias: eles contam então um "causo" que seria a origem do ditado. Veja estas histórias, inventadas pelo escritor Mário Prata, a partir de um ditado (*Mas será o Benedito?* 3ª. ed. São Paulo, Globo, 1996). Você seria capaz de inventar outra história?

Quebrar a cara
Significativo: dar-se mal.
Histórico: a expressão é deste século e americana. Surgiu quando começaram a colocar grandes portas de vidro nas lojas de Nova York. Nunca se sabia se estavam abertas ou fechadas, e os americanos, muitas vezes, "quebravam a cara" indo de encontro o vidro. Já deve ter acontecido com você também.

Rodar à baiana
Significativo: enfezar-se, dar um escândalo público.
Histórico: no início do século, no Rio de Janiero, os primeiros blocos de carnaval saíam às ruas e cruzavam a cidade cantando dançando com suas fantasias. Alguns dândis mais folgados se aproveitavam da euforia geral e lascavam beliscões nas nádegas das moças. Para pôr um fim nisso, no meio das baianas, iam uns capoeiristas vestidos como elas levando consigo navalhas escondidas. Ao primeiro sinal de desrespeito, esses soltavam uma meia-lua (golpe de capoeira) na orelha do espertinho. Quem assistia de fora não entendia muito bem, só via "rodar à baiana" e depois aquele Deus-nos-acuda.

Tudo como dantes no quartel de Abrantes
Significativo: nada mudou.
Histórico: Abrantes é uma pequena cidade do interior de Portugal. Uma vez estava fazendo uma viagem e entrei em Abrantes, que é muito mal sinalizada. Ficava a dar voltas pela cidade, e sempre caía diante do quartel de Abrantes, como dantes. Foi quando imaginei que a expressão deve ter vindo daí. Você vira, vira, vira, e fica "tudo como dantes no quartel de Abrantes". Que aliás é muito bonito.

4. Conte você mesmo um "causo" inventado ou ouvido que explique a origem de uma destas expressões formulaicas:
  Dar o golpe do baú
  Isso são outros quinhentos
  Comer da banda podre

5. Muitas piadas tiram sua graça de uma confusão feita entre interpretação formulaica e interpretação composicional para a mesma expressão. Leia as piadas abaixo e diga qual é a expressão cujo duplo sentido está na base de duas interpretações.

a)
Seu Manuel era um marido exemplar, carinhoso, incapaz de matar uma mosca. Um dia, Maria precisou ir ao mercado e pediu ao bom homem:
— Manuel, meu amor, não tire os olhos do Manuelzinho, enquanto vou ao mercado, certo.
— Oh, Maria, você sabe que eu não mato uma mosca. Acha que teria a coragem de tirar os olhos do meu próprio filho?

b)
Certa mulher aguardava com seu marido o diagnóstico da doença deste. O médico se aproxima dos dois com expressão austera e diz:
— Não estou gostando nada da cara dele.
— Eu também não, mas ele é muito bom para as crianças.

c)
Conversam o carcereiro e o assassino de alta periculosidade. Carcereiro:
— E agora, o que vai fazer?
— Matar o tempo!

d)
Aula de catecismo.
— Qual dos alunos sabe onde está Deus? perguntou o professor.
— No banheiro de casa! responde Joãozinho, levantando o dedo.
— No banheiro de sua casa, Joãozinho???
— É sim, professor! Todos os dias a mamãe bate na porta do banheiro e pergunta:
— Meu Deus, você ainda está aí?

6. Por meio de um desenho, caricatura ou charge, tente representar um dos seguintes ditados:
   a) As paredes têm ouvidos.
   b) Escreveu, não leu, o pau comeu.
   c) Falar pelos cotovelos.

7. Leia os provérbios a seguir; reúna-os em pares e explique o que justificou a aproximação dos dois provérbios do mesmo par.

✓ *Quem usa cuida.*
✓ *A roda pior do carro é a que faz mais barulho.*
✓ *Mais vale um pássaro na mão que dois voando.*
✓ *O peixe morre pela boca.*
✓ *Águas passadas não movem moinhos.*
✓ *A palavra é de prata, o silêncio é de ouro.*
✓ *Quem não deve, não teme.*
✓ *Nem tudo que reluz é ouro.*
✓ *Quem o alheio veste, na praça o despe.*
✓ *A mentira tem pernas curtas.*

8. Veja como a revista *Superinteressante* (setembro de 1999) explica um ditado popular que pode ser empregado por pessoas que não conhecem sua história:

Finada do dito popular existiu de verdade?
De onde vem a expressão "agora Inês é morta"?

Inês foi uma dama da corte portuguesa que teve morte trágica. Seu nome completo era Inês de Castro (1323-1355) e ela foi amante do príncipe herdeiro que se tornaria rei com o nome de D. Pedro I – que não tem nada a ver com o Pedro imperador do Brasil. Em 1345, com a morte da esposa, dona Constança, o príncipe português passou a viver secretamente com Inês.

Chegou a ter filhos com ela. Dez anos depois, o

Inês de Castro foi executada em 1355 a mando do pai de seu amante, o príncipe de Portugal D. Pedro I

rei, aproveitando que o filho estava fora do país, mandou executar a moça. Quando retornou, Pedro ficou furioso e ordenou a

morte dos conselheiros que ajudaram seu pai na decisão. Fora a vingança, não havia mais o que fazer.

O caso trágico foi contado e recontado em várias obras portuguesas, como *Os Lusíadas*, de Luís de Camões. "A frase, que significa 'Agora é tarde demais', passou a ser usada como uma alusão à tragédia" conta o professor de Língua Portuguesa Reginaldo Pinto de Carvalho, da Universidade de São Paulo.

---

9. Vestibular Unicamp 95

Mala Pronta

O ex-prefeito de Sonora, J.C.C., apenas aguarda os primeiros pronunciamentos da Justiça e do Tribunal de Contas para decidir se responde ao processo por desvio de Cr$ 130 milhões em carne e osso ou desaparece, seguindo exemplo de um colega de corrupção.

J.C.C. corre dois riscos: ter que devolver o dinheiro e ainda ir para a cadeia. São motivos suficiente para pensar em pegar a estrada.

(Bastidores, Diário da Serra, Campo Grande, 26.09.1993)

Segundo a nota acima, o ex-prefeito de Sonora deveria tomar uma decisão: apresentar-se à justiça ou fugir. Para formular a primeira alternativa, o autor do texto usa a expressão idiomática (frase feita) "em carne e osso".

a) O que significa a expressão idiomática "em carne e osso"?
b) Se a seqüência "em carne e osso" não for lida como expressão idiomática, e as palavras "carne" e "osso" forem tomadas em sentido literal, é possível fazer uma outra interpretação da nota acima. Qual é essa interpretação?
c) Para obter cada uma das duas interpretações a seqüência "em carne e osso" deve ser relacionada a diferentes palavras do texto. Identifique essas palavras, vinculando-as a cada uma das interpretações.

10. Com alguma freqüência, a propaganda cria anúncios que retêm a atenção dos leitores, obrigando-os a reinterpretar "composicionalmente" o que à primeira vista soava como uma frase feita. É o que acontece com esta propaganda da vitamina Cebion. Procure folhear alguma revista de grande circulação, e traga para a sala de aula outro texto de propaganda que utilize o mesmo recurso.

Quem sai na chuva é pra se molhar, não pra se resfriar.

Contra gripes e resfriados, use Cebion'.
A vitamina C que protege.

SAC: 0800-265900•www.merck.com.br

11. O recorte que segue é a propaganda de uma marca de cadernos. Essa propaganda joga com duas interpretações possíveis da frase "Pode escrever". Quais são essas duas interpretações? Que conjunções você poderia colocar na propaganda, no lugar de dois pontos?

Pode escrever: caderno é Tilibra.

São dezenas de capas para você escolher se prefere passar o ano com o Leonardo DiCaprio, o John Stockton, o Mickey ou a Luana Piovani. Passar o ano mesmo, porque os cadernos Tilibra são feitos para durar. As capas são mais resistentes, o espiral é revestido de nylon e tem trava de segurança para não enganchar. Agora que você conheceu os novos cadernos Tilibra, continue lendo sua Veja. E se quiser enviar sua opinião para a seção Cartas, use a folha ao lado. Ela vai ajudar a destacar sua inteligência.

tilibra click star

tilibra aviões de papel

tilibra classic

tilibra minnie e mickey

tilibra zip fich

tilibra zip book

tilibra nba

Encontre seu caderno
em nosso hot site:
www.tilibra.com.br/99

Implícitos (I)

Objetivo

Sensibilizar o leitor para o fato de que o sentido literal dos enunciados inclui freqüentemente informações implícitas, embora previsíveis.

Caracterização geral

As informações veiculadas pelas mensagens lingüísticas apresentam graus diferentes de explicitude. Podem ser consideradas implícitas todas as informações que uma sentença veicula, sem que o falante se comprometa explicitamente com sua verdade. Essas informações precisam então ser "inferidas" a partir da sentença por meio de algum raciocínio que parte da própria sentença. É o que ocorre nos casos da **pressuposição** e do **acarretamento**.

Material lingüístico

Pressuposição: Diz-se que uma informação é pressuposta quando ela se mantém mesmo que neguemos a sentença que a veicula. Se alguém nos disser que o carro parou de trepidar depois que foi ao mecânico, concluímos que o carro morria antes de ir ao mecânico; se esse mesmo alguém nos disser que o carro não parou de trepidar apesar de ter ido ao mecânico, também concluiremos que o carro trepidava antes. Sempre que um certo conteúdo está presente tanto na sentença como em sua negação, dizemos que a sentença pressupõe esse conteúdo.

Acarretamento: Temos acarretamento toda vez que a verdade de uma sentença implica a verdade de uma outra, simplesmente pela significação de suas palavras. Geralmente, os acarretamentos resultam do uso de palavras de sentido específico; assim, se dissermos que Tico é um pardal, poderemos concluir que ele é um pássaro, um vertebrado, um ser vivo etc. (Ou: basta ser um pardal para ser um pássaro, basta ser um pássaro para ser um ser vivo etc.); se dissermos que o *office-boy* conseguiu para pagar a conta, então podemos concluir que ele pagou a conta etc.

Atividade

Todos nós sabemos que o poeta Olavo Bilac é, na literatura brasileira, um dos principais representantes do movimento literário do Parnasianismo, que se apresentou, entre outros aspectos de seu ideário, como uma reação ao romantismo. Suponha que, num concurso público foi proposta a seguinte questão dissertativa:

Por que Olavo Bilac é romântico?

Em sua opinião, essa pergunta é capciosa? Imagine que você é um dos candidatos do concurso, e que você quer pedir a anulação da questão. Que argumentos (lingüísticos, pedagógicos etc.) você usaria para tentar a anulação dessa questão?

Exercícios

1. Coloque **todos** ou **nem todos**, nos espaços vazios, de modo que chegue a uma afirmação verdadeira.

.... os carros são veículos, mas .... os veículos são carros.

.... os paulistanos são paulistas, mas .... os paulistas são paulistanos.

.... os remédios são beta-bloqueadores, mas .... beta-bloqueadores são remédios.

Até 1950, ... os automóveis que circulavam no Brasil eram importados, mas .... os importados eram automóveis.

.... os escritores da Academia Brasileira de Letras são velhos, mas .... os velhos são escritores da Academia Brasileira de Letras.

.... os acidentes automobilísticos ocorridos nesta estrada se deveram a falhas mecânicas ou humanas, mas .... os acidentes automobilísticos devidos a falhas mecânicas ou humanas aconteceram nesta estrada.

2. Leia a nota abaixo e responda em seguida às perguntas:

Ex-paquita desmente

A ex-paquita Roberta Cipriani desmente rumores do final de seu noivado com Diogo Boni, filho do atual consultor da Rede Globo de Televisão, José Bonifácio de Oliveira Sobrinho. Ela me garantiu que está muito bem com o rapaz, e que passaram o Carnaval juntinhos em Angra dos Reis.

(*Jornal de Jundiaí*, 8.3.2000)

Situe-se no momento em que a nota foi escrita e considere estas afirmações:

a) Roberta Cipriani foi paquita, no passado.
b) Roberta Cipriani e Diogo Boni ficaram noivos há algum tempo.
c) O pai de Diogo Boni ainda vive.
d) O pai de Diogo Boni é José Bonifácio de Oliveira Sobrinho.
e) J. B. de Oliveira Sobrinho trabalha na Rede Globo como consultor.
f) Correram boatos de que Roberta e Diogo terminaram o noivado.
g) Roberta e Diogo terminaram o noivado.

Quais delas são verdadeiras, segundo a nota do jornal? O que mudaria se a nota fosse reduzida à sua primeira parte, e se, em vez do verbo *desmente* tivéssemos seu antônimo *confirma*?

3. Ao que tudo indica, a nota do exercício 2 foi escrita para leitores que acompanham passo a passo a vida afetiva dos artistas da televisão, sempre bem informados a respeito. Considerando a maneira como a nota foi escrita, quais das informações (a)-(g) acima foram apresentadas como novidade para esse tipo de leitor? Quais foram apresentadas como previamente conhecidas?

4. O objetivo desta tira da série "Os Pescoçudos" é, evidentemente, ridicularizar a "Classe-A", representando-a como endinheirada e burra. A que personagem pertence a fala que demonstra burrice? Que informação implícita a personagem em questão deveria levar em conta, para não "dar um fora"?

(*Os Pescoçudos* - 10.4.2000)

5. No caderno Informática do jornal *Folha de S. Paulo* de 08 de dezembro de 1999 aparecia a seguinte "matéria":

Como escolher sua
câmera digital

Máquinas voltadas para amadores chegam com maior resolução de imagem, mas preços ainda são salgados

Págs. 5-6 e 5-7

O pequeno *lead* desta matéria ("Máquinas...salgados") fala dos preços das câmeras digitais (câmeras que captam imagens por um processo digital, sem negativo) e registra a frustração do jornalista diante do fato de que esse equipamento não ficou mais barato ao longo dos últimos anos, à diferença do que aconteceu com os outros equipamentos computacionais. Suponha a situação contrária (finalmente as câmeras ficaram acessíveis a todos) e redija três ou quatro *leads* que a descreveriam.

6. A história a seguir foi extraída do livro *Humor na Marolândia*, de Marcos Vinícius Ribeiro Dias (Editora e Gráfica Papiro, Paraguaçu – MG). Leia e responda em seguida:

Notícias do além.

Aquele que morrer primeiro e for para o céu deverá voltar à terra para contar ao outro como é a vida lá no paraíso. Assim ficou combinado entre Francisco e Sebastião, amigos inseparáveis e apaixonados pelo futebol. Francisco teve morte súbita e, passado algum tempo, no meio da noite, sua alma apareceu ao colega:

— Nossa senhora, Chico! Você veio mesmo!

— Estou aqui, Tião, para cumprir a minha promessa, trazendo-lhe duas notícias:

— Então me fala.

— O Céu é uma maravilha, um colosso, uma beleza. Tem futebol todo dia.

— E a outra?

— A outra é que você já está escalado para jogar no meu time amanhã cedo.

a) Por que a segunda notícia que Francisco transmite a Sebastião é assustadora?
b) Em que você se baseou para responder à pergunta (a)?

7. Todos nós já deparamos com propagandas como esta:

> **Não se deixe explorar pela concorrência!**
> **Compre na nossa loja.**

Explique por que essa propaganda é potencialmente prejudicial ao comerciante que a utiliza.

8. Tire a conclusão cabível:
   a) Na cidade, todos os prédios com mais de três andares ficam na praça da matriz. O Zé Carlos disse que morava no 6º andar. Logo, o Zé Carlos....
   b) As marcas dos pneus ficaram a um metro e noventa de distância. Nenhum carro tem uma bitola tão larga. Portanto, as marcas de pneus .,.
   c) Nenhum político de expressão é demagogo. Nosso prefeito é um grande demagogo, o que leva a concluir que....
   d) Todo universitário tem QI superior a 70. Mas alguns universitários são estúpidos. Logo, um QI superior a 70 não garante que ....
   e) Nenhum bolo de aniversário comprado em confeitaria custa hoje menos de 30 reais. Se o João gastou menos de 30 reais com o bolo de aniversário do irmãozinho, então...
   f) Na véspera do concerto, o banco mandou um convite para cada um dos clientes com mais de 5 mil reais na carteira de investimentos. Se o Zé Carlos não foi convidado, é que...
   g) Só quem conheceu o Godofredo antes de ele ficar rico sabe que ele tinha apelido de "Almôndega". O Zé Carlos vive chamando o Godofredo de Almôndega, logo...
   h) Para ser diplomata, era preciso ter o curso do Itamaraty, ou ter se notabilizado por uma obra artística considerada de grande expressão. Não me consta que o poeta Vinicius de Moraes tivesse feito o curso do Itamaraty. Logo, sua obra...

9. Quando as pessoas encadeiam duas sentenças, A e B, por meio das palavras *logo* e *portanto*, dão a entender que a informação contida em B estava implicitamente presente em A. Mas os livros de lógica (e a vida) nos ensinam que o esquema A, logo B já foi muito usado para raciocinar de maneira errada. Explique, intuitivamente, o que há de errado com estes raciocínios.

(inspirados em Copi, *Introdução à Lógica*, São Paulo, Mestre Jou, 1974):

a) Todos os homens são mortais; portanto a raça humana está em extinção.

b) Nesta região é difícil achar ouro, portanto você precisa tomar cuidado para não perder sua aliança.

c) O governo recolheu e incinerou nos últimos meses mais de 500 mil notas antigas. Portanto, não é verdade que o dinheiro está mais abundante hoje do que um ano atrás.

d) Você acaba de me dizer que devo agir segundo meu próprio discernimento, e ele me diz que devo consultar minha mulher. Portanto vou consultar minha mulher.

e) O Congresso é notoriamente lento em suas ações, portanto não se pode esperar que o senador que preside a comissão de finanças trabalhe rápido.

f) Não é verdade, professor, que os alunos que tiram dez estudam muito? Portanto, o melhor que o senhor tem a fazer é dar-me dez neste semestre.

g) Quem pesca com isca viva nesta parte do rio não pega nada. Eu tirei todas iscas do anzol, portanto vou pegar uma grande quantidade de peixe.

h) Quem ganha altos salários vive estressado. Logo, a melhor maneira para evitar o estresse é ter um salário de fome.

i) Pusemos a chocar ovos cozidos, logo vão nascer frangos já assados.

10. No dia 14 de fevereiro de 2000, as Casas Bahia fizeram publicar nos principais jornais do país, na forma de matéria paga, o seguinte:

COMUNICADO

Em virtude de reportagem veiculada na noite do último domingo no Programa Fantástico, da Rede Globo de Televisão, as Casas Bahia se sentem no dever de tornar claras algumas posições que a empresa sustenta há décadas.

1. Se há um estabelecimento comercial onde não existe a prática de qualquer discriminação a quem entra para comprar um produto, este lugar é a rede das Casas Bahia.

2. A concessão de crédito a um consumidor ou mesmo a empresas segue critérios baseados na análise dos riscos dessa concessão. Infeliz-

mente, é muito comum em nosso país que os cidadãos da terceira idade acabem não tendo garantias mínimas para a obtenção de crédito, seja por rendimentos insuficientes, seja pela impossibilidade de comprovar qualquer rendimento. Mesmo assim, é importante que se diga que a nossa rotina de crédito determina que aquele que solicite o crédito e não possa demonstrar os meios para honrar a dívida seja encaminhado a uma entrevista com um de nossos analistas de crédito. Para deixar mais claro: idade não é um limitador automático de crédito nas Casas Bahia. Basta ver os 444 mil clientes que temos com mais de 65 anos e crédito aberto normalmente.

3. No sentido de evitar erros humanos como aquele verificado na reportagem – o comprador não foi encaminhado para melhor análise de crédito – enviamos ainda hoje aos nossos gerentes, nas 256 lojas da rede, uma nota determinando absoluta atenção aos procedimentos corretos de análise de crédito e explicitando a posição frontalmente contrária desta empresa a discriminação de qualquer espécie. Boa parte do respeito que conquistamos no mercado e da confiança junto ao consumidor vem do fato de que nossa política de crédito busca conceder sempre que possível ao invés de restringir sempre que surjam dúvidas. Analisamos pessoas e não fichas. Mais de 90% de nossas vendas são a crédito. Crédito a pagadores fiéis, que nos garantem os menores índices de inadimplência do mercado.

4. Esta empresa sabe o quanto o cidadão brasileiro da terceira idade merece respeito. Não só pelo que já fez, mas pelo potencial de ainda servir à sociedade, que a experiência lhe dá. Esta empresa, por sinal, e liderada por um homem de 76 anos, que embora se orgulhe do que construiu, mantém seus olhos no que ainda poderá construir.

Respeitosamente
Casas Bahia
São Caetano do Sul, 14 de fevereiro de 2000

O comunicado reconhece que houve um problema, mas o atribui a um erro humano, o que permite minimizar os prejuízos que ele poderia causar à imagem da empresa. Além disso, o comunicado fornece uma quantidade de dados objetivos, que podem ser tomados como indicadores do sucesso da empresa e de identificação com o público consumidor.

a) Na ótica da empresa (e na linguagem do comunicado) qual foi o problema?

b) Quais são os dados que funcionam como indicadores de sucesso da empresa?

Implícitos (II)

Objetivo

Observar o funcionamento dos implícitos que não podem ser previstos a partir apenas do sentido literal dos enunciados.

Caracterização geral

As mensagens lingüísticas comportam às vezes implícitos que não podem ser previstos com base apenas no sentido literal. Importantíssimos para a interpretação final da mensagem, esses implícitos só podem ser descobertos por um trabalho de conjectura feito a partir de uma avaliação global da situação comunicativa, em que o ouvinte procura recuperar as intenções do falante. Mensagens que comportam esse tipo de implícito são sempre interpretadas como "indiretas" e obrigam, tipicamente, o ouvinte a perguntar: "O que foi que ele quis me dizer com isso?", "Aonde ele quis chegar?" etc.

Material lingüístico

O caso mais típico de indireta são as chamadas "implicaturas conversacionais", cujo estudo começou pela análise de histórias como esta:

A é um professor de filosofia recém-formado. Querendo obter emprego em uma determinada universidade, vai a um de seus antigos professores, B, e pede-lhe que mande uma carta recomendando-o para o emprego a C, o diretor da tal universidade. B escreve a carta nos seguintes termos: "A tem excelente caligrafia e até hoje não foi preso". C lê a carta e conclui que A não é aproveitável.

O problema proposto por essa história consiste em explicar por que C conclui que A é ruim, quando as informações dadas por B, por si só, são não são negativas.

A solução clássica, proposta pelo filósofo norte-americano Peter Grice, consiste em admitir que os interlocutores estão normalmente empenhados em construir juntos uma comunicação eficaz e que, para isso, aplicam as seguintes "máximas conversacionais":

✓ Diga apenas aquilo que você julga ser verdadeiro.

✓ Diga as coisas que você quer dizer da melhor maneira possível (por exemplo: evite ser prolixo, confuso ou desnecessariamente rebuscado na escolha do vocabulário etc.).

✓ Diga o máximo que você pode dizer.

✓ Só diga coisas relevantes para o propósito da comunicação.

No caso, C chega à interpretação correta porque raciocina assim: "Preciso admitir que a carta quer informar sobre A. Ora, a carta diz que A tem boa caligrafia e nunca foi preso, mas isso não é nem um pouco relevante. Se B optou por dar precisamente essas informações numa carta de recomendação, deve ser porque são as únicas informações positivas que ele poderia oferecer; logo, o candidato não tem qualidade melhor que o recomende.

Segundo essa explicação, C percebe que B transgrediu uma máxima, para obedecer à outra, e com isso pode reconstruir toda a história de modo que a carta, à primeira vista irrelevante, faça sentido.

As implicaturas conversacionais são o caso mais evidente de mensagem que contém indiretas. Propõem ao interlocutor uma informação irrelevante, e o obrigam a "re-contar" toda uma história de modo que uma informação irrelevante ganhe um sentido.

Atividade

A expressão "caiu a ficha" é às vezes usada para indicar o momento em que alguém descobre, "saca" o sentido real de uma indireta. As expressões "a ficha não caiu", "a ficha está demorando para cair (no orelhão de fulano)" descrevem situações em que essa descoberta não acontece. Conte um episódio de que você foi testemunha, em que a ficha caiu (ou demorou para cair, ou não caiu), e isso teve conseqüências.

Exercícios

1. A coluna "Contraponto", do jornal *Folha de S. Paulo* traz diariamente aos leitores breves narrativas de episódios envolvendo personagens da política nacional. No dia 6 de novembro de 1999, a história era sobre Paulo Maluf.

CONTRAPONTO

Faminto por cimento

Durante a inauguração de uma avenida em SP, o então prefeito Paulo Maluf começou a andar de um lado para outro, fazendo cara de quem checava cada detalhe da obra.

De repente, Maluf, cercado por jornalistas, gritou para o secretário das Vias Públicas, Reynaldo de Barros:

— Reynaldo, quero um pontilhão bem aqui!

O secretário, que era contrário à obra, tentou argumentar:

— Prefeito, não dá. A engenharia de tráfego acha que não é nem um pouco viável.

Maluf olhou irritado:

— É viável, sim! Você acha que os carros vão fazer retorno aonde? — respondeu o prefeito.

O secretário ainda tentou insistir, mas foi interrompido:

— Não adianta reclamar. Quero o pontilhão amanhã — exagerou Maluf.

Bravo, Reynaldo gritou para um assessor, provocando gargalhadas:

— Tá bom, tá bom. Taliba, manda fazer logo um pontilhão com fritas para o prefeito.

a) Como você interpreta a última fala do secretário de Vias Públicas?
b) O que leva a essa interpretação?

2. Explique o que a Helga quis dizer, no terceiro quadrinho.

(*Folha de S. Paulo*, 14.8.1996)

3. Algumas perguntas marotas já se tornaram maneiras convencionais de "dar indiretas" que todos entendem. Diga em que situações e com que intenção poderiam ser usadas as perguntas (nem sempre polidas) que seguem:

a) O seu barbeiro (cabeleireiro) foi preso?
b) Na sua casa só tem cortinas?/Na sua casa não tem geladeira?
c) Isso dá sempre?
d) Que bicho te mordeu?

e) Você viu o passarinho verde?
f) Bebeu?
g) Qual é a tua?
h) Você está me estranhando?
i) Está pensando que nasci ontem?

4. O menino da tira não passa, evidentemente, de um mau aluno que não estudou para a chamada oral. Para isso, ele tenta alterar o sentido da pergunta feita pelo professor. Tente determinar
a) Qual foi a pergunta?
b) Em que sentido a resposta do menino muda o sentido dessa pergunta?

(Jornal do Brasil, 16.12.1999.)

5. No dia 4 de fevereiro de 2000, o jornal *O Estado de S. Paulo*, na coluna reservada à correspondência dos leitores, publicou esta carta:

Seleção

Após saber que a seleção canarinho vai jogar com a conhecidíssima seleção da Tailândia, gostaria de saber como faço para marcar um jogo da seleção contra a famosíssima e poderosa equipe do S. E. Palmeirinha, da minha cidade de Porto Ferreira. **Jairo Baccarin Filho**

Considerando que a carta foi escrita para ser lida não só pela redação do jornal, mas por todos os leitores, o que queria efetivamente dizer o Sr. Baccarin?

6. Algumas mensagens da propaganda, em vez de argumentarem diretamente a favor do produto que querem promover, nos obrigam a raciocinar para descobrir esse mesmo argumento. É o caso desta propaganda dos relógios Patek Philippe. Pense e responda: que característica do produto ela ressalta?

Na verdade você

nunca é dono de um Patek Philippe.

PATEK PHILIPPE
GENÈVE

7. A história abaixo foi extraída do livro *Humor na Marolândia*, do humorista mineiro Marcos Vinícius Ribeiro Dias. Leia o trecho e responda em seguida:

Especialidade de político

Certo deputado, em viagem ao interior de seu Estado, de repente, percebeu que estava sem dinheiro, e resolveu trocar um cheque especial numa agência de seu banco, porém, naquele momento, descobriu que estava sem um só documento. Aí virou para o gerente e falou:

— Eu sou deputado, o senhor deve me conhecer dos jornais, da televisão, do programa de abertura...

O gerente respondeu que sua fisionomia não lhe era estranha, mas explicou-lhe também que a responsabilidade dele pela agência é grande, e quando acontecem fatos como este, ele faz um teste com o cliente, por exemplo:

— Outro dia, falou o gerente, esteve aqui na agência o Chico Buarque de Holanda, na mesma situação, então eu pedi a ele que fizesse um poema, e ele fez uma obra-prima em cinco minutos, nós pagamos o cheque. Na semana passada, foi a Noêmia Mourão, que pintou uma tela maravilhosa. Outro dia, foi o Roberto Dinamite, que marcou quatro gols no nosso caixa, e também o Marquinhos que, além de mostrar que tinha dois metros de altura, colocou cinqüenta bolinhas de papel no cesto do lixo. Então...

O político ficou meio sem graça e falou para o gerente:

— Mas eu não sei fazer nada!

E o gerente, sorrindo, falou para o deputado:

— Pode dirigir-se ao caixa que vamos pagar o seu cheque.

a) A história reforça uma opinião corrente sobre qual seria a especialidade dos políticos. Qual é essa opinião?

b) Para muitos brasileiros, Chico Buarque é antes de tudo um músico. Entretanto, nesta história, ele é dado como exemplo de outra atividade. Qual?

c) É provável que alguns leitores da história não conheçam uma ou outra das personagens (Roberto Dinamite, Noêmia Mourão e Marquinhos). Mas no contexto da história é clara a especialidade que eles representam. Qual a especialidade de cada um?

8. Como você interpretaria esta seqüência de perguntas (de um juiz) e respostas (de um acusado) registrada durante uma audiência no tribunal?

Pergunta: *A senhora passou alguma vez a noite com este homem em N. Iorque?*

Resposta: *Eu me recuso a responder a essa pergunta!*

Pergunta: *A senhora passou alguma vez a noite com este homem em Chicago?*

Resposta: *Eu me recuso a responder a essa pergunta!*

Pergunta: *A senhora passou alguma vez a noite com este homem em Miami?*

Resposta: *Não!*

(do livro de Mary Louise Gilman)

9. Acontece às vezes ouvir afirmações como estas:

— "É muito articulado, para um ex-torneiro mecânico."

— "É muito discreto para um descendente de italianos."

— "É muito inteligente para um preto."

— "É esperta para uma loira."

Explicite a implicatura veiculada por essas frases. Mostre que essas frases (e outras análogas) são politicamente incorretas, porque estigmatizam todo um grupo, em vez de falar de um determinado indivíduo.

10. A que prática (de que são vítimas às vezes os turistas) se faz alusão nesta outra propaganda?

APESAR DO CADERNO SER PARA TURISTAS, NÃO VAMOS AUMENTAR O PREÇO.

Imagens arquivos JB

NOVO VIAGEM DO JB. AGORA AOS DOMINGOS.

O Viagem resolveu viajar. Agora ele sai todo domingo com as malas cheias de novidades. Muito mais completo, com matérias e dicas que realmente interessam a quem vai viajar. E sempre com uma promoção de viagem inesquecível para você.

www.jb.com.br   **JORNAL DO BRASIL**

11. Leia este recorte do jornal *Folha de S. Paulo* (setembro de 1999), e responda em seguida às perguntas:

CONFRONTO *Ministro do STF divulga nota*

Velloso diz que Acm não é homem de bem

SILVANA DE FREITAS
da Sucursal de Brasília

O presidente do STF (Supremo Tribunal Federal), ministro Carlos Velloso, sugeriu ontem que o presidente do Senado, Antônio Carlos Magalhães (PFL-BA), não é um "homem de bem" e afirmou que evitará novos bate-bocas com o parlamentar.

"Daqui para frente, eu vou deixar que esse senhor fale sozinho. Esse é o conselho, aliás, que tenho recebido de colegas e de inúmeras pessoas de bem. Afinal, eu tenho mais o que fazer."

A declaração foi dada por meio de nota à imprensa três dias após o último ataque do senador. Na quinta-feira, Velloso havia dito que fala porque tem "boca". No dia seguinte, ACM afirmara: "Se ele disse que fala porque tem boca, é lamentável que ele tenha."

Ontem, o ministro reafirmou que não aceita ser julgado pelo senador, sugerindo que ACM não seria um homem de bem.

"Esse senhor, eu já disse mais de uma vez, não tem condições para julgar os meus atos. Não me interessa o que ele pensa a meu respeito. Interessa-me, o que também já declarei, o julgamento dos homens de bem, nada mais."

Inativos

A polêmica entre os dois surgiu porque Velloso disse que a proposta de emenda constitucional que institui a contribuição previdenciária dos servidores inativos poderá ser rejeitada pelo STF. ACM considerou que o ministro estava falando demais e não deveria comentar questões que ainda não chegaram ao tribunal.

Velloso reagiu inicialmente com tranqüilidade ao ser informado na sexta-feira sobre o teor da última declaração do presidente do Senado.

Viagem

O Presidente do STF havia informado, por intermédio de sua assessoria de imprensa, que não pretendia responder. Anteontem, Velloso antecipou o retorno a Brasília de viagem pessoal a Vila Velha (ES).

Localize, no texto, a fala em que o presidente do STF declara não estar interessado nas opiniões do presidente do Senado. Mostre que o presidente do STF não **diz**, apenas **sugere** que ACM não é homem de bem. Explique como ele consegue transmitir essa opinião sem se comprometer explicitamente com ela. A partir dessa distinção entre dizer e sugerir, comente o título da notícia.

12. Em época próxima ao dia dos namorados de 1999, a montadora Renault estava promovendo o carro modelo Scénic por meio desta propaganda. Explique-a.

13. A companhia Crediminas divulgou, alguns anos atrás, por meio de jornais, um texto intitulado "Lições tiradas na vida", contendo uma série de reflexões que se exprimem na primeira pessoa do singular, e que marcam as descobertas de cada idade. Algumas dessas reflexões foram transcritas a seguir:

Aprendi que meu pai pode dizer um monte de palavras que eu não posso. 8 anos.

.....

Aprendi que não se deve descarregar suas frustrações no seu irmão menor, porque seu pai tem frustrações maiores e mão mais pesada. 15 anos.

.....

Aprendi que nunca devo elogiar a comida de minha mãe quando estou comendo alguma coisa que minha mulher preparou. 25 anos.

.....

Aprendi que quando minha mulher e eu temos, finalmente, uma noite sem as crianças, passamos a maior parte do tempo falando sobre elas. 29 anos.

.....

Aprendi que o homem tem quatro idades: (1) quando acredita em Papai Noel; (2) quando não acredita em Papai Noel; (3) quando é Papai Noel e (4) quando se parece com Papai Noel. 51 anos.

.....

Aprendi que envelhecer é importante se você é um queijo. 76 anos

.....

Aprendi que tenho muito a aprender. 92 anos.

Explique como você entende a reflexão que a personagem faz sobre envelhecer, aos 76 anos.

Linguagem e metalinguagem

Objetivo

Levar o leitor a reconhecer as situações em que a linguagem fala de si mesma.

Caracterização geral

São metalingüísticos todos os usos em que a linguagem, em vez de falar de pessoas, acontecimentos e outras realidades externas a ela, fala da própria linguagem.

Material lingüístico

O mais simples de todos os usos metalingüísticos é aquele em que **falamos de** uma palavra ou de uma frase, por exemplo quando dizemos que "sabiá" é uma palavra oxítona, ou quando dizemos que "alfabeto" tem oito letras, ou que "gato" é um substantivo. Um dos tantos usos que fazemos das aspas serve, precisamente, para indicar que queremos falar de uma determinada palavra, e não usá-la para falar do mundo.

Além disso, há, na língua, uma grande quantidade de palavras que são usadas para relatar a atividade de fala. Por exemplo:

✓ Os verbos "prometer", "recomendar" e "ordenar" caracterizam diferentes atos de fala, tomando por base seu propósito.

✓ Os verbos "gritar", "sussurrar", "gaguejar", "resmungar" dão uma idéia de como uma determinada fala foi pronunciada.

✓ Os verbos "confirmar", "desmentir", "reafirmar" qualificam como verdadeiro ou falso o conteúdo de uma fala anterior.

Há um tipo de correção, freqüente sobretudo na língua falada, que consiste em "retirar" uma palavra mal escolhida, e em substituí-la por outra, como quando dizemos "Ele é muito tenso ou, **melhor dizendo**, mal-humorado". Essa correção resulta de uma análise metalingüística que os usuários da língua fazem de sua própria fala.

Atividade

Localize, no livro *Primeiras Estórias*, de Guimarães Rosa, o conto "Famigerado", e leia-o, com a ajuda de seu professor. Note que nesse conto se narra um diálogo tenso, no qual uma das personagens mede os riscos de cada palavra. Na sua opinião, é correto dizer que o conto relata uma discussão sobre o sentido da palavra "famigerado"? O que mais é necessário dizer para explicar a tensão vivida pelas personagens?

Exercícios

1. Os jornalistas têm se preocupado muito mais do que os próprios gramáticos em regulamentar o uso das aspas. Por exemplo, o "Manual da Redação" da *Folha de S. Paulo* recomenda que esse recurso gráfico seja usado apenas

■ "para delimitar uma citação";

■ para assinalar "palavras e expressões estrangeiras que não tenham tradução, não tenham sido aportuguesadas, ou cuja utilização seja rara em texto jornalístico, ou

■ para "destacar títulos de livros, obras artísticas (filmes, peças de teatro, música etc.), revistas, jornais". Segundo o mesmo "Manual", as aspas devem ser evitadas quando se quer enfatizar palavras ou imprimir-lhes um tom irônico. O texto que você vai ler a seguir, uma das melhores dissertações do Vestibular Unicamp 1999, recorre várias vezes às aspas. Pede-se que você comente cada ocorrência das aspas, esclarecendo:

a) se ele se enquadra num dos casos previstos no *Manual da Folha*;

b) se as aspas exercem alguma outra função, não prevista no *Manual*;

c) se o uso das aspas seria condenado pelo *Manual*.

O caminho brasileiro

Nome: Rodrigo Mendes Leme
(escola particular)
CAMPINAS/SP
C.COMPUTAÇÃO (1ª opção)

Brasil, país dos famintos, dos massacres de cidadãos inocentes, da expoliação, da pobreza, do subdesenvolvimento econômico, do extermínio da parcela indígena de sua população. À medida que se aproxima dos 500 anos, velhos problemas continuam sem solução, conforme bem alertou o historiador Sílvio Romero em sua História da Literatura Brasileira (e isso há mais de 100 anos!). Se até o presente momento não houve uma violenta insurreição armada popular, deve-se à ignorância e à índole pacífica do mesmo, que contribui para perpetuar o "status quo".

Visto por este ângulo, o leitor é tentado a considerar o Brasil um país que "jamais dará certo". A conjuntura atual é, de fato, negativa para a nação. Mas tal fato não deve anular tudo o que até agora conquistamos. Alguns brasileiros, em todos os campos de atividades, podem ser encontrados no panteão dos grandes da humanidade. Santos Dumont, César Lattes, Carlos Chagas, Machado de Assis, Oscar Niemayer etc. São compatriotas que demonstram o pontencial do "gigante adormecido". "Brasil, país do futuro - sempre futuro?" dirá ironicamente o leitor mais incauto. Um futuro mais próximo, porém pela primeira vez, o Estado, através de leis democráticas, começa a resguardar o citado potencial. Leis como as que regem o direito de greve, os crimes hediondos, os juizados de pequenas causas e outras podem parecer pouco mas para um país que até poucos anos era governado por uma ditadura, tais leis constituem um avanço fundamental.

O maior legado brasileiro, todavia, encontra-se num campo inesperado; tal classificação decorre do fato deste assunto ser um tanto controverso. Trata-se da questão racial – e de como a intensa miscigenação produziu uma experiência antropológica única no mundo. Não se trata de retomar o ultrapassado mito da "democracia racial", que apenas serviu – e serve – para disfarçar o preconceito latente em parte da população. Mas quando se olha a multiplicação de conflitos étnico-raciais no globo, é inegável o nosso desenvolvimento. Eis o legado: enquanto outras nações ainda buscam a tolerância racial – inclusive os "poderosos" EUA –, nós já estamos num estágio mais avançado: no Brasil, busca-se a convivência racial, baseada em nossa singular miscigenação. Seria a glória do já falecido antropólogo Darcy Ribeiro, renomado pesquisador desse assunto: com apenas 500 anos de "idade", o Brasil conseguiu aquilo quenenhum outro país do mundo obteve – passar no estágio da tolerância para o da convivência racial. "Brasil, farol da humanidade": num planeta marcado por ódios ancestrais, esta mensagem mostra que é possível buscar a convivência - bastando seguir o caminho apontado pelo nosso país.

(Fonte: Dissertações do Vestibular Unicamp-99, Campinas, Edunicamp, 1999, p.51-54)

2. Coloque aspas nos lugares adequados, para tornar verdadeiras as frases abaixo:
   a) Palavrão é o aumentativo de palavra.
   b) Uma dúzia de letras tem 15 letras.
   c) Um dente é parecido com um pente.
   d) Não confunda detergente com deter gente.

e) Paroxítono é proparoxítono.
f) Quem usa quitanda no sentido de merenda é mineiro.
g) As placas de todos os automóveis de Campinas começam com a letra C.
h) Amor rima com espanador.

3. O primeiro verso concorre às vezes com o título como forma de identificação de alguns poemas célebres. Tente descobrir o título dos poemas cujos versos foram transcritos a seguir.
"Stamos em pleno mar. Doido no espaço brilha o luar ..."
"Ora, direis, ouvir estrelas..."
"As armas e os barões assinalados..."
"De tudo ao meu amor serei atento antes"
"Vai-se a primeira pomba despertada"
"Minha terra tem palmeiras"
etc.

4. Alguns trechos das letras de canções populares consagradas são mais conhecidos que outros trechos das mesmas canções. Procure lembrar os trechos que você conhece das seguintes canções:

Saudosa maloca (Adoniran Barbosa)
Trem das onze (Adoniran Barbosa)
A banda (Chico Buarque)
O peixe vivo (foclore mineiro)
Brasília amarela (Mamonas Assassinas)
Saudades da Amélia (Mário Lago)
Asa branca (Luís Gonzaga)

Confira, em seguida, os seus resultados que você terá obtido com os de seus colegas. Se for o caso, faça, com seus colegas, uma nova lista de canções mais conhecidas e mais ao gosto da turma.

5. Nas narrativas que seguem, há um elemento cômico que se origina num equívoco. Em que casos o equívoco tem a ver com uma confusão entre linguagem e metalinguagem?

Lema da tropa
Na guerra, o general estimula seus soldados antes da grande batalha:
— Não esqueçam, ao avistar o inimigo, pensem logo no lema de nossa tropa: Ou mato ou morro.
Dito e feito. Quando encontraram os inimigos, metade do batalhão correu para o mato, e o restante para o morro.

Para mim

"Muito bem, Geraldo", explica o juiz à criança que foi arrolada como teste-munha: a partir deste momento, suas respostas têm que ser para mim. Que idade você tem, Geraldo?

— Para mim!

— Como se chama sua professora?

— Para mim!

6. "Enrolação", "conversa fiada", "conversa mole", "conversa para boi dormir", "papo furado", "baboseira", "abobrinha" são algumas das expressões que as pessoas usam para caracterizar uma fala pouco convincente e às vezes mal intencionada, mediante a qual alguém procura enganar alguém. "Sinto não poder concordar com o senhor", "Tenho uma opinião diferente", "Você está pensando que nasci ontem?", "Você quer me passar diploma de burro?" são fórmulas mais ou menos polidas para reagir à conversa mole de uma outra pessoa. Lembre-se de um episódio que você presenciou ou ouviu contar, em que alguém qualificou a conversa de outra pessoa como enrolação.

7. Durante o mês de março de 2000, algumas edições do jornal *O Estado de S. Paulo* trouxeram um anúncio de página inteira com o seguintes dizeres:

A palavra "Voadeira" ocorre três vezes nessa propaganda:
a) no título;
b) no pequeno texto que segue o título; e
c) na ilustração, que é ao mesmo tempo a capa do CD, produzido pela Gravadora Eldorado como parte do prêmio dado à cantora. A primeira ocorrência de "Voadeira" está em destaque. Por que esse destaque era importante? Pode-se dizer o mesmo do uso que foi feito do negrito, em outras partes do anúncio?

8. Questão do Vestibular Unicamp, 1999
Num desses documentos que circulam pela Internet, cujo título é "Como escrever legal", encontram-se, entre outras, as seguintes recomendações:
✓ Evite os lugares-comuns como o diabo foge da cruz.
✓ Nunca generalize. Generalizar é sempre um erro.
✓ A vóz passiva deve ser evitada.

Todas essas recomendações produzem um óbvio efeito cômico, e em todas elas tal efeito decorre da exploração de um único princípio.
a) Qual é o princípio geral explorado nessas recomendações?
b) Explique como o princípio se realiza em cada uma das recomendações transcritas.

9. A palavra *assim* funciona muitas vezes como **anafórico**, isto é, retoma passagens anteriores de um texto (ver capítulo 20. *Anáfora e Dêixis*). Alguns dos usos anafóricos se explicam facilmente como retomadas de conteúdos; outros ficam mais bem explicados se considerarmos que valem, implicitamente, por uma citação. Diga em que casos, entre as frases a seguir, se dá esse efeito de citação:

a) O amigo de D. Pedro Primeiro, o Chalaça, era assim chamado porque era dado a fazer gracejos de mau gosto.
b) No final da vida, o Aleijadinho esculpia com a marreta e o escopro amarrados nas mãos. Ele trabalhava assim porque a doença o impedia de segurar as ferramentas.
c) O trajeto desde o centro até a universidade leva mais ou menos cinqüenta minutos. Ficou assim depois da interdição da ponte do Jaguaré.
d) Um dos mais célebres quadros de Velásquez retrata as infantas da Espanha. Esse quadro tem por título "Las meninas". Parece que ele ficou conhecido assim, por causa do nome que as governantas portuguesas davam às princesinhas.
e) Como vai a vida? Assim assim.

10. Não é sempre fácil distinguir quando estamos falando de palavras e quando estamos falando das coisas que as palavras nomeiam. Considere este cartum, publicado na época das comemorações dos 500 anos do descobrimento do Brasil: ele faz alusão ao episódio da morte do primeiro bispo do Brasil, Dom Pero Fernandes Sardinha, que teria sido comido por índios antropófagos, depois de um naufrágio. Ele trata do bispo, ou do nome do bispo?

(*Palavra*, abril de 2000)

Linguagem figurada: processos analógicos

Objetivo

Sensibilizar para os efeitos (práticos, estéticos, cognitivos) que se obtêm com o uso figurado da linguagem.

Caracterização geral

Usamos a linguagem figuradamente toda vez que buscamos para ela uma interpretação não-literal, não convencional. Os processos analógicos são aqueles que nos levam a perceber semelhanças (analogias).

Material lingüístico

✓ Os dois processos mais importantes pelos quais a linguagem nos leva a perceber (e trabalhar) semelhanças são a comparação e a metáfora.

✓ Numa **comparação** "totalmente explícita", aparecem tipicamente: 1) uma expressão que identifica a entidade comparada; 2) uma outra expressão que identifica a entidade tomada como termo de comparação; 3) uma expressão que identifica a propriedade comum, atribuída às duas entidades; 4) um "conectivo", indicando comparação. Assim, no exemplo:

A terra é achatada nos pólos como uma laranja

"**A terra**" é "**uma laranja**" identificam os objetos que queremos comparar;

"**Achatada nos pólos**" identifica a propriedade (no caso, uma característica de forma) que eles têm em comum;

"**Como**" expressa a idéia de comparação.

✓ Nem todas as comparações são completamente explícitas: ainda temos comparações nestes outros exemplos, onde faltam alguns dos elementos enumerados acima.

A terra é como uma laranja

A terra é em certo sentido uma laranja

✓ Temos **metáfora** toda vez que, indo além da simples apresentação de propriedades comuns, pensamos uma realidade nos termos de uma outra. O exercício de pensar uma realidade em termos do que ela não é nos leva sempre a alguma descoberta, por isso mesmo, a metáfora é uma **poderosa fonte de novos conhecimentos** e novos comportamentos. Pensar uma realidade em termos de outras proporciona também um prazer **estético**.

✓ As descobertas proporcionadas pelo uso figurado da linguagem são mais ou menos previsíveis no caso de metáforas que se tornaram correntes e convencionais. Uma frase como

José é um palito

leva quase automaticamente a pensar em magreza (e não na possibilidade de usar José para palitar os dentes). As "descobertas" são mais "trabalhosas", e mais compensadoras, no caso das metáforas autenticamente criativas. Do que falava Manuel Bandeira com esta frase, aplicada a uma de suas antigas namoradas?

Maria, você é uma perna.

Feiúra? Banalidade? Utilidade?

Atividade

Imagine-se na seguinte situação: você é o responsável pela propaganda de uma empresa de pincéis e resolve lançar uma campanha publicitária, na qual os pincéis em questão serão apresentados não como escovas, mas como "bombas", no sentido de que eles soltam tinta de maneira regular, à medida que entram em contato com a superfície a ser pintada. Crie um slogan e um pequeno texto explicativo; descreva como devem ser as mensagens visuais que serão veiculadas pela campanha.

(Atenção: neste exercício, pincel e bomba são apenas uma sugestão, tirada aliás de uma história real; você poderá substituir pincel e bomba por qualquer outra coisa: uma excursão que é tratada como um remédio contra o estresse, uma cera para carros que é tratada como uma couraça, uma roupa que é tratada como um cartão de visita etc.)

Exercícios

1. Algumas propriedades são associadas convencionalmente a certos animais: a raposa costuma ser tomada como símbolo da astúcia, o touro como símbolo da força etc. O que se pretende,

Quando se diz de alguém...	Quando se diz que alguém...
...que é um cavalo.	... come como um passarinho.
...que é uma mula (empacada).	... tem olhos de lince.
...que é um tatu.	... dorme com as galinhas.
...que é uma cobra.	... bebe feito uma esponja.
...que é um urso.	
...que é um gato.	
...que é um galinha.	
...que fez uma cachorrada.	
...que fez uma ursada.	
...que passou por uma experiência que foi uma tourada.	

2. Colecione dez expressões como estas:
Mais perdido do que cego em tiroteio.
Mais sujo do que pau de galinheiro.
Mais desajeitado que macaco em loja de louça.

Em seguida, escolha uma das expressões que você terá encontrado e conte uma história que a tenha como título.

3. Algumas fórmulas do tipo "*mais... do que...*" saíram da moda há tempos. Uma dessas fórmulas é "mais por fora do que umbigo de vedetes", que remonta ao tempo em que mostrar o umbigo era a chocante especialidade das dançarinas do teatro de rebolado. Recorra a alguém da geração mais velha, e peça ajuda para recuperar algumas dessas comparações hoje perdidas.

4. Um dos recursos mais usados pela propaganda consiste em associar o produto que se quer vender com alguma imagem desejável, transferindo propriedades desta última para o produto que se pretende promover. Comente como funciona esse mecanismo na propaganda apresentada a seguir:

carlton (um raro prazer)

5. Num artigo publicado no jornal *O Estado de S. Paulo*, o jornalista Luiz Costa fez estes comentários a propósito da propaganda divulgada pela televisão:

[...] A hora do intervalo tem ganho de longe do festival de formatos repetitivos que assola a telinha. Meio minuto de comercial chega a concentrar mais sacadas inteligentes, economia narrativa e aderência de roteiro do que provavelmente muitas novelas, [programas de] auditórios, infantis, jornalísticos e *talk shows* têm em meio ano.

[...] Mas é preciso segurar o freio da empolgação. Houve tempo em que um comercial demonstrava a capacidade do produto para resolver uma situação. Um refrigerante mata a sede, um carro nos leva a algum lugar com conforto, um sapólio limpa mais. Em algum momento, inventou-se a pólvora. E o singelo refri vira senha para espantar os males da vida, um fumante radical vira atleta, a mordida num *Big Mac* traz o sonho americano.

Com vida própria para além dos produtos que anuncia, o comercial de TV virou entretenimento escapista. E o escapismo tem sentido literal, bem lembra Neal Gabler no recém-lançado *Vida, o filme*: o de sair da murrinha cotidiana usando fórmulas, sentenças narrativas que resumem raciocínios e situações complexas, descansam a mente ao dar respostas já resolvidas.

O mundo sob o prisma da publicidade é asséptico, sem crise, problema ou contaminação – o menor sinal é logo anulado pela exibição triunfal do produto. Quando Coca-Cola dá vida a tudo, Hollywood esbanja saúde fumando, ou Brahma cura impotência, um sinal é dado e absorvido. É sempre bom lembrar disso antes da nova idéia genial ocupar o intervalo.

Em sua opinião, o jornalista pretende negar a força do pensamento analógico?

6. Às vezes, falar de certas cores e formas é um modo de intensificar a propriedade expressa por um adjetivo. Pense nas várias maneiras como poderiam ser completadas as frases a seguir:

... verde de ... ("Fulano de tal estava verde de raiva.")
... branco de ...
... quadrado de ....
... seco de ...
... azul de ...
... roxo de ...

7. O intelectual João Batista Vico, que viveu no século XVIII, disse certa vez que por trás de uma metáfora há sempre uma pequena fábula. Isso vale com certeza para as expressões idiomáticas, que descrevem uma ação por analogia. Imagine uma história, que poderia ter dado origem a esses modos de dizer:

Chutar o pau da barraca.

Agradar a gregos e troianos [alguns dizem: agradar a gregos e baianos].

Pôr a mão na cumbuca.

Do tempo em que se amarrava cachorro com lingüiça.

Receber alguém com quatro pedras na mão.

Descobrir (ensinar) com quantos paus se faz uma canoa.

Desse jeito, a vaca vai para o brejo.

Se correr o bicho pega, se parar o bicho come.

Preso por ter cão, preso por não ter cão.

8. No texto abaixo, o escritor francês Victor Hugo compara a vida ao percurso de um rio. Mostre como esta comparação, de caráter mais geral, se articula com uma série de outras comparações menores.

Cheguei ao Mediterrâneo pelo Ródano. Vi o Ródano entrar no Mediterrâneo largo duas léguas, amarelo, turvo, lamacento, grande e sujo. Há seis dias eu o tinha visto sair do Leman, sob a velha ponte dos moinhos de Genebra, claro, transparente, límpido, azul como uma safira.

No Leman, o Ródano é como um rapaz; no Mediterrâneo é como um velho. Lá, ele só viu montanhas, aqui ele atravessou cidades. Deus lhe dá neve, os homens lhe dão lama.

Eis aí, minhas crianças, o que é viver e correr. Depois de viver, depois de espumar, rugir, engolir torrentes e rios, despedaçar rochedos, lavar pontes, arrastar cargas, alimentar cidades, espelhar o céu e as nuvens, o rio, que partiu estreito e violento do Leman chega, imenso e calmo, ao Mediterrâneo, onde se enterra. Aí ele reencontra, sob um sol ofuscante, com um horizonte sem limites, o azul profundo e esplêndido do lago de Genebra. O túmulo lembra o berço, só que é maior.

Desci esta manhã de Arles às dez horas pelo paquete a vapor. A partir de Arles, as embarcações marinhas dão as caras no rio, as beiras recuam e se achatam, e logo a imensa planície deserta da Camargue toma conta da margem esquerda; aí o horizonte se torna imenso ao sul, o céu parece erguer-se como se sua abóbada ficasse maior. De repente aparece uma linha azul. É o Mediterrâneo.

9. Leia o texto deste anúncio (que foi objeto de uma questão do vestibular Unicamp 99). Identifique as metáforas que foram usadas e verifique se elas satisfazem suas exigências em matéria de bom gosto.

Alguma casada — Quando ele te conheceu ele fazia você sentir-se uma Empresa Multinacional como fêmea, e você recebia como o equivalente a um salário de Diretora Executiva no seu salário de sexo, amor e carinho! Hoje, p/ ele você é uma micro-empresa, como ele só visita quando ele vai pagar o seu salário mínimo sempre atrasado de sexo e amor! Faça como as grandes empresas, terceirize a mão-de-obra c/ gente qualificada que quer entregar satisfação completa sem nenhum tipo de cobrança. Eu casado sigiloso, cor clara, 28/38/48 anos. Procuro você s/ preconceito de peso ou altura de 18 a 45 anos. Posso viajar para sua cidade ou hospedá-la em local secreto e sigiloso em São Paulo/Capital quando por aqui você estiver por passagem fazendo compras ou querendo me visitar CP1572

9. Reflita por um momento sobre esta propaganda, destinada a promover a Embraer, empresa brasileira construtora de aviões, junto ao público brasileiro. Em sua opinião, o pedido de que o anúncio seja lido **voando** deve ser interpretado em sentido literal ou metafórico? Por quê?

O(s) mundo(s) de que falamos

Objetivo

Mostrar que para interpretar certas estruturas lingüísticas é necessário considerar simultaneamente aquilo que acontece no mundo real, e em outros "mundos possíveis".

Caracterização geral

A maioria de nossos enunciados descrevem ações e estados de coisas que atribuímos ao nosso mundo. Existem contudo alguns enunciados cuja interpretação depende de considerar, em paralelo, o "mundo real" com um ou mais "mundos possíveis" Para indicar que um determinado enunciado se refere simultaneamente a diferentes "mundos", a língua lança mão de construções específicas, algumas das quais são tratadas neste capítulo, a título de exemplo.

Material lingüístico

Entre as expressões e construções que nos orientam no sentido de interpretar um enunciado considerando simultaneamente vários mundos estão:
✓ Os chamados **operadores modais**:
    – construções unipessoais como *"é possível"*, *"é necessário"*,
    – advérbios como *"necessariamente"*, *"possivelmente"*, *"eventualmente"*
    – auxiliares como *"pode"*, *"deve"* etc.

Pense-se por exemplo na frase *"Meu professor de Física do colegial deve estar aposentado"*: uma das maneiras de compreendê-la consiste em imaginar várias histórias de vida para esse professor de física, observando que, em muitas dessas histórias, vamos encontrá-lo aposentado no momento em que estou falando.
✓ Certos operadores como *oxalá, queira Deus que, tomara que,* cuja função é apontar para um universo em que se confirmam os conteúdos de nossos desejos:
Tomara que ele esteja gozando de boa saúde.

✓ As construções condicionais, que formam os chamados **períodos hipoté-**
ticos:

O professor de física estaria aqui se algum de nós tivesse telefonado para ele.

Um período hipotético estabelece sempre uma dependência entre dois enunciados; um modo de entender essa dependência consiste em dizer que, em todos os
mundos nos quais o primeiro enunciado for verdadeiro, o segundo também será
verdadeiro; no caso do enunciado sobre o professor de física, sabemos além do
mais que, no mundo real, ninguém telefonou para ele.

✓ O futuro, que pode sempre ser encarado como uma descrição daquilo que
encontraremos num dos tantos mundos possíveis aos quais o nosso mundo real dá
acesso.

✓ Vários "operadores" como *"Era uma vez..."*, *"Vai que..."*, *"Vamos supor*
que...", que sempre dão ao enunciado uma função (por exemplo, de hipótese, de
ficção etc.) diferente da de relatar sobre o mundo em que vivemos.

✓ Convém também ter presente que noções como realidade ou irrealidade
podem ser relativas a um certo sistema de crenças e/ou conhecimentos. Por exemplo, que Bentinho escapa do seminário graças a uma sugestão do agregado José
Dias é real no contexto do romance de Machado de Assis.

Atividade

O futuro se caracteriza, principalmente, por sua incerteza. Por isso, tanto no que
diz respeito à vida pessoal, como nas várias formas de atuação coletiva de que
participamos (política, trabalho, relações com vizinhos e amigos etc.) estamos
sempre fazendo planos que prevêem possibilidades alternativas de desenvolvimento. Quem pensa dessa forma, considera às vezes diferentes "cenários". Reflita sobre algo que o preocupa, como pessoa ou como membro de um grupo. Pense
no que acontecerá com você/com o seu grupo, dados diferentes cenários.

Exercícios

1. A letra da canção "João e Maria" de Chico Buarque de Hollanda faz uso do
pretérito imperfeito do indicativo, um tempo que aprendemos a considerar como
"passado". Esqueça as classificações gramaticais e procure determinar:

   a) A relação cronológica entre a fala e "ser herói" é de simultaneidade, anterio-
      ridade ou posterioridade?

   b) A criança que fala na música é herói no mundo real, ou num num mundo
      imaginário?

   c) Qual o papel do pretérito imperfeito, nesse caso?

João e Maria

Agora eu era herói
E o meu cavalo só falava inglês
A noiva do *cowboy*
Era você.
Além das outras três
Eu enfrentava os batalhões
Os alemães e seus canhões
Guardava o meu bodoque
E ensaiava um rock
Para as matinês

Agora eu era o rei
Era o bedel e era também juiz
E pela minha lei
A gente era obrigada a ser feliz
E você era a princesa
Que eu fiz coroar
E era tão linda de se admirar
Que andava nua pelo meu país

Não, não fuja não
Finja que agora eu era o seu brinquedo
Eu era o seu pião
O seu bicho preferido
Sim, me dê a mão
A gente agora já não tinha medo
No tempo da maldade
Acho que a gente nem tinha nascido

Agora era fatal
Que o faz-de-conta terminasse assim
Pra lá deste quintal
Era uma noite que não tem mais fim
Pois você sumiu no mundo
Sem me avisar
E agora eu era um louco a perguntar
O que é que a vida vai fazer de mim

2. Você vai ler a seguir a letra da célebre canção "Saudades da Bahia", de Dorival Caymmi. Pede-se que você localize nessa letra uma passagem em que se faz refe-

rência a algo que não teria acontecido, se uma determinada condição fosse realizada. Transcreva essa passagem e, em seguida, diga com suas próprias palavras:
   a) Qual a condição que não foi realizada?
   b) O que não teria acontecido se essa condição fosse realizada?

   Ai, mas que saudades tenho da Bahia
   Ai, se eu escutasse o que mamãe dizia,
   Bem, não vá deixar a sua mãe aflita,
   A gente faz o que o coração dita
   Mas este mundo é feito de maldade e ilusão

   Ai, se eu escutasse hoje não sofria
   Ai, esta saudade dentro do meu peito
   Ai, se ter saudade é ter algum defeito,
   Eu pelo menos mereço o direito
   De ter alguém com que eu possa me confessar

   Ponha-se no meu lugar
   E veja como sofre um homem infeliz
   Que teve de desabafar
   Dizendo a tudo mundo o que ninguém diz
   Veja que situação
   E veja como sofre um pobre coração
   Pobre de quem acredita na glória e no dinheiro para se feliz

3. As duas narrativas transcritas a seguir foram utilizadas, em anos diferentes, como textos de referência no exame de língua portuguesa do Vestibular Unicamp. Além de outras características comuns eles se assemelham porque uma das personagens desperdiça a possibilidade de criar para si própria uma situação vantajosa, distinta de sua situação real. Identifique, nas duas histórias, as personagens que incorrem nesse tipo de fracasso; analise o modo como se cria, na história, a possibilidade de construir uma situação irreal.

   Dois carregadores estão conversando e um diz: "Se eu fosse presidente da República, eu só acordava lá pelo meio-dia, depois ia almoçar lá pelas três, quatro horas. Só então é que eu ia fazer o primeiro carreto".

   Cansado de não vender nada na sua loja, João pegou o carro e saiu pelo interior para vender seus produtos. Depois de 15 dias sem tirar um só pedido, sentou-se embaixo de uma árvore para descansar. De repente, viu uma garrafa e chutou. A garrafa deu meia volta e chegou junto. João tornou a chutar e a garrafa deu outra meia volta e ficou bem ao seu lado. João pegou a garrafa, começou a acariciar e de repente surgiu uma voz que disse:

— Você tem direito a três pedidos.

João levantou correndo e disse:

— Espere que vou buscar o talão!

(Vestibular Unicamp 2000)

4. Uma forma de negação particularmente forte é aquela que, ao excluir a verdade de uma asserção, diz que ela é falsa não só em nosso mundo, mas também em todos os tempos e em todos os mundos, inclusive nos mundos em que acontecem até as coisas mais improváveis. Para realizar esse tipo de afirmação, a língua dispõe de fórmulas como:

Nem no dia de São Nunca.

Nem por todo o ouro do mundo.

Nem no tempo em que se amarrava cachorro com lingüiça.

Nem aqui nem na China.

Nem no céu com São Pedro ajudando.

Nem que a vaca tussa.

Procure levantar mais algumas dessas fórmulas.

5. Um operador muito usado para dar ao conteúdo da fala um caráter de suposição é "vamos supor que..." Que outros operadores você conhece, que desempenham uma função semelhante?

6. Os verbos *poder* e *dever* são usados às vezes com um sentido de autorização ou ordem, outras vezes, para formular previsões válidas para o futuro próximo. Examine as manchetes do jornalzinho a seguir e aponte os casos em que os verbos *poder* e *dever* exprimem previsão.

(um jornal de compromisso com a língua pátria)	**Jornalzinho** nota zero	(circula quando pode) nº x

Filho de Hebe pode ter programa na Rede TV
(Jornal de Jundiaí, 19.2.2000)

O único herdeiro da apresentadora Hebe Camargo pode ganhar um programa na madrugada da Rede TV! Marcelo Camargo, que há mais de dois anos resolveu seguir a carreira da mãe, está sendo sondado pela produtora GPM, de Gugu Liberato, para apresentar um programa de fim de noite na emissora.

A produtora já é responsável pelo programa "A Casa é Sua", na Rede TV!, e "Escolinha do Barulho", na Rede Record, além de "Miguelito", que deve estrear na emissora do bispo Edir Macedo.

Relógios devem ser atrasados 1 hora à meia-noite
(*O Estado de S. Paulo, 26.2.2000*)

Fim do horário de verão altera hábitos dos habitantes das Regiões Sul, Sudeste, Nordeste e Centro-Oeste, além do Tocantins e Roraima; pesquisa da Fipe mostra que maioria apóia medida

GUSTAVO PAUL

BRASÍLIA – Com o fim do horário de verão, à meia-noite de hoje, todos os relógios das regiões Sul, Sudeste, Centro-Oeste e Nordeste, além do Tocantins e de Roraima, deverão ser atrasados em uma hora. (...)

São Paulo – Nos terminais rodoviários da cidade de São Paulo – Tietê, Barra Funda, Jabaquara e Bresser –, os ônibus com horário de partida até meia-noite de hoje saem normalmente. Quem tem passagens para depois da meia-noite deve orientar-se pelo novo horário dos relógios. Os passageiros com dúvidas sobre seus horários de viagem podem consultar a central de atendimento ao usuário.

Desempregado pode não pagar mais ingressos
(*Jornal de Jundiaí, 19.2.000*)

[...] De acordo com o autor do projeto, que recebeu parecer contrário da Comissão de Justiça e Redação (CJR), o objetivo é proporcionar o lazer ao desempregado, promovendo isenção de ingressos em eventos culturais e esportivos desde que patrocinados pela prefeitura.

[...]Outro projeto que afeta diretamente a vida do desempregado é de autoria do vereador E.G. (...) e cria o passe gratuito para quem comprovar estar sem serviço.

Gasolina e diesel devem subir 5% nos postos
Reajuste nas refinarias foi de 7%; aumento entra em vigor dia 1º
(O Estado de S. Paulo, 26.2.2000)

Romanos podem ter chegado primeiro à América
Cabeça de estátua encontrada no México indicaria nova data de descoberta do continente.
(O Estado de S. Paulo, 10.2.2000)

Du Pont volta às origens para crescer
Empresa corrige o rumo. Lucros devem vir da velha Lycra
(O Estado de S. Paulo – Economia, 11.1.2000)

Nível de emprego não deve melhorar de imediato
Economista diz que, com o desenvolvimento, veio a modernização e redução da mão-de-obra
(O Estado de S. Paulo – Economia, 13.2.2000)

GUSTAVO ALVES

RIO - O crescimento da economia brasileira não deve trazer de imediato melhoras no nível de emprego do país, na avaliação de economistas. A indústria e a agricultura, que devem impulsionar o aumento do produto interno bruto (PIB) reduziram sua mão-de-obra nos anos 90, para modernizar-se. Por isso, a abertura de novas vagas nos dois setores – que vão provocar novas contratações no comércio e nos serviços – será menos intensa do que era até a década anterior.

7. Nesta tira de *Os Pescoçudos*, fala-se de Brasil-potência. Quais são os indícios lingüísticos de que essa situação não é a que prevalece no mundo real?

BRASIL POTÊNCIA

CO.10 SERiA O MUNDO SE O BRASIL FOSSE A GRANDE POTÊNCiA DO PLANETA...

O BRASiL ESCALARiA O GRUPO DE LÍDERES MUNDiAiS 68: BRASiL, PORTUGAL, BOLÍVIA, ETiÓPiA, ANTÁRTiDA, MÉXICO, MONGÓLiA E VATiCANO

PARA GARANTiR A PAZ, NOSSO REPRESENTANTE SERiA DORiVAL CAYMMi

NA VERDADE, OS ÚNiCOS MOMENTOS DE GRANDE TENSÃO MUNDiAL SERIAM OS JOGOS ENTRE BRASIL E ARGENTiNA

(Folha de S. Paulo, 30.3.2000)

8. Uma das questões do Vestibular Unicamp 2000 versava sobre este texto, extraído de uma entrevista do escritor português José Cardoso Pires, na qual se perguntava ao entrevistado se seu nome seria uma boa indicação para o prêmio Nobel, junto com os nomes, sempre lembrados, de José Saramago e António Lobo Antunes:

> "A Imprensa tem lá as suas razões. Durante anos e anos passei a vida a assinar papéis a pedir um Nobel para um escritor português e isso não serviu de nada. De modo que o facto da Imprensa agora prever isto ou aquilo... uma coisa eu sei: o Prémio Nobel dado a um escritor português de qualidade beneficiava a todos os escritores portugueses. Que todos gostariam de ter o Prémio Nobel também é verdade, mas se um ganhar ganhamos todos. De qualquer modo o critério actual é o dos mais traduzidos e os mais traduzidos são o Saramago e o Lobo Antunes. Eu sou menos. Mas isso não me preocupa nada. Sinceramente."

Nesse texto há dois períodos hipotéticos bem caracterizados. Quais são? O uso da conjunção se é indispensável para formar um período hipotético? E o uso do futuro do pretérito?

9. Basta pensar alguns minutos, para levantar um bom número de canções que venceram o tempo e que começam com se.
Se você jurar... (Lamartine Babo)
Se você quer ser minha namorada...(Vinicius de Moraes)
Se acaso você chegasse...(Lupicínio Rodrigues)
Se todos fossem iguais a você (Vinicius de Moraes)

Escolha uma dessas canções e tente obter sua letra completa. Mostre que (boa) parte da letra fala de uma situação irreal.

10. *Era uma vez* é um dos tantos operadores que nos fazem passar de uma fala sobre o nosso mundo para uma fala sobre mundos irreais. Reúna em alguns textos que começam com *era uma vez*: tratam-se invariavelmente de fábulas? ou entre eles estão também piadas, contos, causos etc.? A língua dispõe também de fórmulas que realizam a operação do retorno, isto é, permitem passar da fábula (ficção etc.) para a realidade (por exemplo: "Acabou a história, morreu a Vitória"). Procure lembrar-se de algumas dessas fórmulas, que nos fazem voltar ao velho e bom mundo real.

A negação

Objetivo

Explorar diferentes maneiras de negar, mostrando como se combinam com outras operações relevantes para o sentido dos enunciados.

Caracterização geral

Negamos toda vez que excluímos uma possibilidade.

Material lingüístico

Contrariamente à crença corrente, há muitas outras maneiras de negar, além da que consiste em aplicar a um verbo o "advérbio" *não*: além desse "advérbio", há muitas palavras e construções que expressam negação, e o verbo é apenas um dos segmentos de um enunciado sobre os quais a negação pode recair.

A negação pode ser expressa, entre outros meios:
✓ pelo *"não"* e por outros advérbios que combinam uma idéia de tempo, como *jamais* e *nunca*;
✓ pelos indefinidos negativos: *nenhum, nada, ninguém;*
✓ por operadores antepostos à sentença como *"é falso que..."*, *"não é verdade que..."*;
✓ por conjunções como *nem*, inclusive na construção correlativa *"nem... nem..."*;
✓ por prefixos como *não-* ou *sem-*: os *não-alinhados, os sem-terra;*
✓ por verbos auxiliares, como *deixar de* etc.

A negação pode recair, entre outros:
✓ sobre uma **palavra**: *não-alinhados, indesejáveis;*
✓ sobre uma **parte do enunciado** (geralmente, o "rema" ver capítulo "Perguntas e respostas"): *Na década de 70, a GM não fabricava o Monza (e sim o Opala);*

✓ sobre um **verbo**: João **deixou de pagar** a conta do mês de março, e a luz foi cortada;

✓ sobre um **quantificador**: *Nem todos os deputados da oposição vão votar contra o projeto. Nem sempre as coisas saem como gostaríamos;*

✓ sobre o **nexo expresso por certas conjunções**: *Eu não visitei meus pais porque precisava de dinheiro (mas porque estava com saudades).*

Diante de uma frase negativa, não é sempre fácil determinar de maneira exata o que se pretende negar. A negação interage com outras operações, determinando diferentes possibilidades de interpretação. Assim, alguém que descreve um incêndio e diz "Todos os hidrantes não tinham água", pode estar querendo dizer duas coisas bem diferentes: "Nem todos os hidrantes tinham água (somente alguns)" ou "Todos os hidrantes estavam sem água". Esta dupla possibilidade de interpretação (que podemos chamar de "negação de uma generalização/generalização de uma negação") é apenas um dos tantos casos em que uma frase negativa apresenta ambigüidade de escopo (ver o capítulo "Ambigüidade").

Nem todos os conteúdos de um enunciado resultam afetados, quando passamos o enunciado da forma afirmativa para a negativa, ou vice-versa. Assim, os dois enunciados

João parou de freqüentar a casa de Maria.
João não parou de freqüentar a casa de Maria.

têm em comum a informação de que João freqüentava a casa de Maria, no passado. É o fenômeno da pressuposição (ver o capítulo *Implícitos (I)*).

Há na língua algumas expressões (ditas "de polaridade negativa") que só se usam com um determinado sentido em frases negativas. Exemplos sempre citados desse fenômeno são "Maria não é flor que se cheire" e "Não tenho um tostão furado". Se passarmos para a forma afirmativa "Maria é flor que se cheire", e "Tenho um tostão furado", "flor que se cheire" e "tostão furado" mudam de sentido.

Atividade

Provavelmente, você já ouviu falar que há "exceções que confirmam a regra". Essas confirmações acontecem, em geral, quando as previsões da regra falham a propósito de um caso particular, mas, examinando melhor os fatos, verificamos que o caso não se enquadrava na regra desde o início. (Imaginemos, por exemplo, que, indo à escola todo dia, às sete da manhã, você se acostumou a cruzar com determinadas pessoas e a ver abertas determinadas lojas. Um dia você vai à escola na hora de sempre, e nada disso acontece. Quando chega à escola, você descobre que acabou o horário de verão, e que você saiu de casa uma hora mais cedo.) Conte um episódio, que você ou algum conhecido seu tenha vivido, que seja uma boa ilustração do ditado de que "a exceção confirma a regra".

Exercícios

1. Compare estes três verbetes de dicionário; apresente em seguida três exemplos de conduta que possam razoavelmente ser qualificados de moral, imoral e amoral.

Amoral. [De a-^{3} + moral.] Adj. 2 g. **1.** Que não é nem contrário nem conforme a moral: *Segundo Oscar Wilde, a arte não é moral nem imoral, é amoral.* **2.** A que falta moral: *procedimento amoral.* **3.** Que não tem o senso da moral: *Muitos o consideram um escritor amoral.* **4.** *Ét.* Que é privado de qualificação moral, que se situa fora da categoria [q.v.] por não se referir a fato suscetível de julgamento normativo do ponto de vista do bem e do mal. **5.** *Ét.* Diz-se da conduta humana que, suscetível de qualificação moral, não se pauta pelas regras morais vigentes em um dado tempo e lugar, seja por ignorância do indivíduo ou do grupo considerado, seja pela indiferença, expressa e fundamentada, aos valores morais. [Cf. *moral* (1) e *imoral* (2, 3 e 4) • 2 g. **6.** Pessoa que não tem o senso da moral: *Revela-se em tudo um amoral; É uma grande amoral.* [Cf. *imoral.*]

Imoral [De i-^{2} + moral.] Adj. 2 g. **1.** Contrário à moral; desonesto, libertino; antimoral. **2.** *Ét.* Do ponto de vista de uma sociedade determinada diz-se de conduta ou doutrina que contraria a regra moral por ela prescrita. A que falta moral: *procedimento amoral.* **3.** *Ét.* Do ponto de vista do indivíduo, diz-se de conduta ou doutrina que contraria regra moral por ele adotada. **4.** *Filos.* Diz-se da conduta ou doutrina que contraria regra moral prescrita para um determinado tempo ou lugar • S 2 g. **5.** Pessoa que não tem o senso da moral: *Revela-se em tudo um amoral; É uma grande amoral.* [Cf. *amoral.*]

Moral [Do lat. *morale*, 'relativo aos costumes'] S.f. **1.** Filos. Conjunto de regras de conduta consideradas como válidas, quer de modo absoluto para qualquer tempo e lugar, quer para grupo ou pessoa determinada [Cf. ética (1)]. **2.** Conclusão moral que se tira de uma obra, de um fato, etc. • S.m. **3.** O conjunto das nossas faculdades morais. **4.** O que há de moralidade em qualquer coisa. • Adj 2 g. **5.** Relativo à moral. 6. Que tem bons costumes. 7. Relativo ao domínio espiritual (em oposição a físico ou material). ~ V. *ciências morais, igualdade -, indiferença -, lei -, morte -, necessidade -, personalidade - e pessoa -*

2. Há línguas, como o latim, em que duas negações se anulam reciprocamente (não + ninguém = alguém). Em português, nem sempre isso acontece. Nas sentenças grifadas a seguir, há sempre duas palavras "negativas". Diga quais destas sentenças têm um sentido negativo e quais têm sentido afirmativo.

A confissão de um vício <u>não é fácil para ninguém</u>. Mais difícil ainda para os médicos, profissionais educados e treinados para zelar pela vida. A dependência química entre os homens de branco não representa uma ameaça apenas para eles próprios, mas aos pacientes sob seus cuidados. Por essa razão, a reportagem que VEJA publica nesta edição contando o drama dos médicos que sucumbiram e depois venceram o vício representa um extraordinário esforço jornalístico

("O silêncio rompido", *Veja*, março de 2000)

Não se deixe abater por estar procurando emprego. Seja objetivo, transmita entusiasmo: <u>desânimo e frustração não recontratam ninguém</u>

("Procurando emprego/como preparar-se para uma entrevista" *Inter Bairros*, março 2000)

Os estrangeiros que vinham tempos atrás para o Rio sempre achavam a cidade aprazível. Apreciavam as praias e a natureza. Agora eles continuam achando a cidade bonita, mas ficam impressionados com o problema social, com os contrastes, se assustam com os assaltos, as recomendações que recebem nos hotéis. Mas <u>não há quem não se impressione com o Rio</u>, suas praias e florestas. E quem chega de barco, ou mesmo de avião, vê logo como a circunstância geográfica é fantástica, que a cidade resiste

(Oscar Niemeyer em entrevista à *Folha de S. Paulo*, dezembro de 1995)

Ele é um dos políticos mais importantes do país. O que ele fez pela Bahia <u>não é nenhuma obra desprezível</u>, ninguém tem gratuitamente a popularidade que ele desfruta em seu estado.

(Tássio Gereissati, governador do Ceará, sobre Antônio Carlos Magalhães, *Época*, 3.4.2000)

3. Em artigo publicado na *Folha de S. Paulo* de 28.4.2000, o jornalista Clóvis Rossi comparava a situação de alguns políticos notoriamente corruptos, mas ainda assim populares, à agonia do ditador espanhol Francisco Franco, que se prolongou por vários dias, contrariando todas as previsões da medicina. Uma parte desse texto exemplifica um procedimento morfológico muito usado para produzir negações localizadas. De que procedimento se trata?

Os "imorríveis"

Em novembro de 1975, agonizava o ditador espanhol Francisco Franco Bahamondes, "caudillo de España por la gracia de Diós". Agonizava mas não morria nunca.

A cada dia, o boletim médico anunciava que um novo órgão havia sido tomado por um mal irreversível. E Franco sobrevivia. Um dia, cansado da vigília cínica, perguntei a José Antonio Novaes, então correspondente do *Estadão* e do jornal francês *Le Monde* em Madri: "Novaes, esse cara é imortal?"

"No es inmortal, pero es inmorible", respondeu Novaes.

A mais recente pesquisa do Datafolha sobre a sucessão paulistana prova que há, no Brasil ou ao menos em São Paulo, uma equipe de "imorríveis", os populistas descuidados com o uso do dinheiro público, para usar uma expressão bem cavalheiresca.

...

Em qualquer país do mundo, até nos menos sérios, um cidadão nessas circunstâncias já teria sido arremessado às profundezas do inferno da impopularidade. Em São Paulo, cresce.

4. Considerando os lembretes que vêm entre parênteses, determine sobre que palavras da sentença incide a negação:

   a) Em 1500, Cabral não viajou só para o Brasil (Cabral descobriu o Brasil em 1500, quando comandava uma expedição composta por cinco embarcações que, depois de passar pela costa brasileira, seguiu viagem para as Índias);

   b) O papa João XXIII não lançou a encíclica "Mater et Magistra" em 1970 (a encíclica "Mater et Magistra" é da autoria de João XXIII, mas foi escrita em 1959).

   c) A atriz Elizabeth Taylor não se casou com o ator Richard Burton por interesse (até o momento em que este livro estava sendo escrito, a atriz Liz Taylor já tinha se casado 12 vezes, duas das quais com Richard Burton).

   d) John Lennon não foi assassinado por um concorrente (ele foi assassinado por um psicopata).

   e) Na copa do mundo de futebol de 1974, Tostão não foi escalado por ordem do presidente da república (consta que o presidente da época mandou escalar em seu lugar outro atacante, de quem gostava mais).

   f) Al Capone não foi preso porque era um gângster de alta periculosidade, mas porque deixou atrasar o pagamento do imposto de renda (Al Capone foi um gângster de altíssima periculosidade, e passou na cadeia os últimos anos de sua vida. Para realizar a prisão, a justiça americana usou como pretexto o atraso no pagamento do imposto de renda).

g) Dos principais títulos desportivos referentes ao futebol, o Brasil não tem o de campeão olímpico (o Brasil já ganhou todos os demais títulos desportivos importantes, referentes ao futebol).

5. Reveja, no "Material lingüístico" e no capítulo "Ambigüidade" o que se diz a respeito de "negação da generalização" e "generalização da negação". Tente determinar qual dessas interpretações vale nos trechos que seguem, transcritos de notícias de jornal:

a) *Se para você viajar nem sempre significa pegar a estrada, então sua pick-up chegou. É a Nova Saveiro Geração III. A pick-up que faz bonito dentro ou fora da estrada.*

(*Época*, 3.4.2000)

b) *[Nossa resposta] considerou apenas análises técnicas e objetivas. Em nenhum momento houve intenção de desqualificar a Caixa Econômica Fedeeral ou questionar sua competência na gestão de recursos.*

(*Folha de S.Paulo*, 1.5.2000)

c) Os órgãos responsáveis pela conservação do patrimônio histórico não cuidam de parte importante dos primeiros exemplares em solo brasileiro de construções em diversas áreas. [...] Segundo o Iphan, não há recursos para restaurar todas as construções históricas do país.

(*Folha de S. Paulo*, 16.4.2000)

d) Para conquistar o investidor, algumas instituições estão oferecendo descontos em tarifas. [...] Há ainda quem ofereça "mimos" como relógios ou televisores. Esses benefícios podem ser encontrados nos programas de fidelidade dos bancos. Mas fique atento, pois nenhuma regalia é de graça.

(*Folha de S. Paulo*, 31.5.2000)

6. Você já está familiarizado com o quadro a seguir, que resume as possíveis aplicações de uma negação, a partir de uma construção S^1 + conjunção + S^2 (onde S^1 e S^2 são sentenças completas, ver capítulo "Ambigüidades"):

7.

1	2	3
$[S^1]_{neg}$ + conjunção + S^2	S^1 + $[conjunção]_{neg}$ + S^2	S^1 + conjunção + $[S^2]$

4	5	6
$[S^1]_{neg}$ + $[conjunção]_{neg}$ + S^2	$[S^1]_{neg}$ + conjunção + $[S^2]_{neg}$	S^1 + $[conjunção]_{neg}$ + $[S^2]_{neg}$

7

$$[S^1]_{neg} + [conjunção]_{neg} + [S^2]_{neg}$$

Em qual dessas situações se enquadra a declaração *"Não saí por causa dela, etc."* do ex-padre Francisco Assis de Oliveira, na reportagem a seguir?

FAMÍLIA

A primeira-dama e o sacerdote

O prefeito Argon *(ao lado)*, a ex-mulher Nilmara e o padre Oliveira *(abaixo)*

A cidadezinha de Comendador Levy Gasparian, no interior do Rio, agitou-se na semana passada com uma paixão de folhetim. Mulher do prefeito José Bento Argon Sobrinho (PDT), Nilmara Aparecida, de 28 anos, encerrou o casamento de nove anos e abriu mão do posto de primeira-dama para viver um amor proibido. O eleito, Francisco de Assis de Oliveira, de 34 anos, é padre há dez anos e desistiu da batina para ficar com Nilmara. "Não saí por causa dela. Já era uma coisa que estava em mim", disse o ex-sacerdote, que arrumou emprego de professor para ajudar a sustentar os seis filhos da mulher. Na paróquia de Santa Luzia, em Três Rios, o padre encontrou mais defensores que críticos. "Antes de ser padre, ele é um ser humano, um homem", opinou a apo-

sentada Maria das Dores Rodrigues. Ainda à frente da Secretaria Municipal de Assistência Social, a ex-primeira-dama optou por não comentar a separação. Tampouco falou sobre as denúncias do presidente do PFL local, Marco Aurélio de Souza, segundo as quais o prefeito Argon teria desviado R$ 120 mil dos cofres públicos. Apaixonada, Nilmara preferiu não ter seu dia de Nicéa.

Considere uma outra possibilidade de interpretação para essa mesma frase, e invente uma reportagem fictícia compatível com essa outra interpretação.

8. Todas as expressões listadas a seguir:
   Não deu um pio.
   Não sofreu um arranhão.
   Não disse uma palavra.
   Não abriu a boca.
   Não mexeu um dedo.
   Não tem um tostão furado.
   Não tocou na comida.

mudam de sentido conforme são usadas em sentenças afirmativas ou negativas. (Ele não tem um tostão furado = ele é muito pobre; ele tem um tostão furado = ele tem um tostão com um furo.) Escolha uma dessas expressões, e conte uma história em que ela qualifica bem a participação de algum conhecido num episódio que as pessoas contam.

9. As expressões listadas no exercício 7 se combinam facilmente com operadores como *sequer, chegar a, mesmo* (*ele não tem um tostão furado sequer, ele não tem nem mesmo um tostão furado, ele não chegou a abrir a boca*). Explique por quê.

10. Certos verbos, como *poder* e *dever* têm entre si uma relação tal que um pode ser definido pelo outro, com a ajuda da negação. Por exemplo, dizer a alguém que **deve** tomar um determinado remédio equivale a dizer que **não pode não** tomar esse mesmo remédio, e assim por diante. Explore essa possibilidade, redigindo de outro modo as passagens assinaladas do texto abaixo.

"Dentre todas as medidas que o homem moderno precisa tomar para a conservação do seu corpo, a mais importante é o tratamento regular dos dentes [...] Para um tratamento dos dentes ser correcto, é mister que se destrua quotidianamente o que occasiona a carie e a fermentação, isto é, os germes corruptores dos dentes, que se formam diariamente na bocca. Reflectindo-se bem, chega-se à conclusão de que para este fim é necessário que se tome uma medida hygienica que elimine taes germes ou que detenha ao menos sua acção damninha. Para a eliminação mechanica das impurezas pegadas aos dentes serve, até um certo ponto a escova, mas só até um certo ponto. [...] Como a escova se presta só superficialmente para este fim, porquanto não pode attingir aos pontos onde se acham depositados os germes nocivos [...] carece que se use, alem da escova de dentes, o Odol, que penetra nas partes mais occultas da bocca..."

(Propaganda do dentifrício líquido Odol, na revista *O Careta*, começo do século xx)

O homem moderno precisa = o homem moderno não pode não = o homem moderno não pode deixar de...
É mister que/é necessário que/carece que = não se pode admitir que não.

11. A idéia de negação é evocada por uma grande quantidade de palavras e construções, além do velho e bom advérbio *não*. No texto que segue, foram grifadas algumas expressões que contêm, de um modo ou de outro, a idéia de negação. Pede-se que você diga, para cada uma delas, qual é a idéia negada.

Fim de festa, silêncio

Ex-porta-voz da Arquidiocese de São Paulo deixa a batina
e inicia nova vida sem falar do passado.

Quando ele se tornou padre, em 1984, foi uma festa [...]

Dezesseis anos e muitas decepções depois, discretamente, padre Fernando Altemeyer Jr. entrou no gabinete de dom Cláudio Hummes, em fevereiro, para pedir dispensa do ministério sacerdotal e do cargo de porta-voz da Cúria Metropolitana. Voltou a ser apenas Fernando, professor de Ciências da Religião da Pontifícia Universidade Católica de São Paulo. Aos 43 anos, alegou "razões de ordem pessoal" para deixar a batina, raramente usada, e recomeçar a vida. Desde então calou-se. Até as paredes do casarão da cúria, na aristocrática Avenida Higienópolis, porém, sabiam da incompatibilidade entre o porta-voz e o chefe, o comandante da Arquidiocese de São Paulo, como se pertencessem a igrejas diferentes.

O novo arcebispo foi indicado pelo Vaticano à revelia de D. Paulo (Evaristo Arns). O cardeal defendia a nomeação do bispo-auxiliar dom Celso Queiroz, transferido pela Cúria Romana para uma diocese do interior do Estado na mesma semana em que Fernando deixou de ser padre. Fernando não era apenas mais um entre os 700 religiosos e as 2000 freiras das 270 paróquias da capital – os "funcionários de Deus" que recebem dois salários mínimos por mês além de casa, comida e roupa lavada. Era um dos mais ardorosos defensores e fiel discípulo do catecismo ditado durante 28 anos por Dom Paulo para a atividade social da Igreja. Com sua saída e a de dom Celso encerrou-se um ciclo.

(*Época*, 3.4.2000)

Papéis temáticos

Caracterização geral

Uma boa maneira de entender as sentenças da língua consiste em imaginar que elas representam "pequenas cenas" nas quais diferentes personagens desempenham papéis necessários ao enredo (como no teatro). Estes papéis são determinados pelo verbo, e são mais ou menos fixos, isto é, têm um funcionamento até certo ponto independente das relações de concordância, regência e colocação, tradicionalmente descritas nas gramáticas. Assim, em

1) Cabral descobriu o Brasil
2) O Brasil foi descoberto por Cabral

o que muda é o termo que funciona como sujeito [*Cabral* em (1) e *O Brasil* em (2)]; mas Cabral é sempre o agente da descoberta, e o Brasil é sempre seu alvo.

Material lingüístico

✓ Os papéis temáticos mais comuns são:
– **o agente** (o indivíduo que tem a iniciativa da ação, que tem controle sobre a realização da ação);
– **o alvo** (o indivíduo ou objeto diretamente afetado pela ação);
– **o instrumento** (o objeto de que o agente se serve para praticar a ação);
– **o beneficiário** (o indivíduo a quem a ação traz proveito ou prejuízo);
– **o experienciador** (o indivíduo que passa pelo estado psicológico descrito pelo verbo).

A distinção desses papéis não é arbitrária, ao contrário, é confirmada pela possibilidade de aplicar à sentença construções diferentes. Por exemplo, dependendo do papel temático que um sintagma nominal exerce na sentença, ele dá origem a diferentes "sentenças clivadas":

X bateu em Y
O que <u>X fez</u> foi bater em Y (X = agente)
O que <u>aconteceu com Y</u> foi que ele apanhou de (Y = alvo)

Os papéis temáticos são distintos das funções gramaticais de sujeito, objeto e adjunto, mas há uma hierarquia que dispõe sobre a possibilidade de os diferentes papéis temáticos coincidirem com o sujeito gramatical. Pense-se por exemplo na história em que o ladrão invade a casa da vítima, e para isso quebra a veneziana da janela dos fundos com um pé de cabra. Temos nesta história a ação de quebrar, associada a três papéis temáticos que correspondem ao ladrão, à veneziana e ao pé de cabra. Se quisermos contar essa história na voz ativa, poderemos dizer coisas como:

O ladrão quebrou a veneziana com o pé de cabra.

O ladrão quebrou a veneziana.

O pé de cabra quebrou a veneziana.

A veneziana quebrou.

Mas não

O ladrão quebrou com o pé de cabra.

A veneziana quebrou com o ladrão.

O ladrão quebrou.

O pé de cabra quebrou.

Isso nos ensina que o agente (o ladrão) tem mais chances de ser o sujeito do que o instrumento, que por sua vez tem mais chances de ser o sujeito do que o alvo.

Atividade

O livro *Com todas as letras*, do jornalista Eduardo Martins, reúne em cerca de 150 páginas uma série de textos escritos em linguagem fácil (muitos desses textos foram publicados inicialmente no suplemento infantil do jornal *O Estado de S. Paulo*) em que se mostra como evitar os principais erros do idioma, e se ensina a escrever de forma simples e elegante. Transcrevemos uma página desse livro, que contém uma interessante reflexão lingüística. Leia e responda em seguida às perguntas:

Não é o paciente quem opera

Qualquer intervenção cirúrgica que ocupe o noticiário dos jornais, revista e emissoras de rádio e televisão serve como importante alerta para o uso inadequado de certas palavras e expressões.

Você com certeza leu ou ouviu (mais de uma vez, até) frases como *Presidente opera o coração./Papa retira o apêndice./Artista faz operação plástica./Jogador opera joelho.*

Alguma delas lhe causa estranheza? Repare que todas elas apresentam um grave erro de estilo: não é o presidente quem opera, nem o papa quem retira o apêndice. O artista também não faz operação plástica, nem o jogador opera o joelho. Todas essas são tarefas do cirurgião. Claro, são formas populares de exprimir esse tipo de situação. Você pode até usá-las em conversa com os amigos. Mas, na linguagem formal, escrita, elas devem ser evitadas. Assim, diga, por exemplo, que *o papa foi operado de apendicite*, ou que *o presidente sofreu uma operação no coração*. Ou ainda que *o artista se submeteu a uma operação plástica*.

Para continuar no mesmo campo, veja o que acha destas orações: *doente está tão mal que a família já espera a sua morte.*/*O governo espera que haja grande número de falências até o fim do ano.*/*A empresa espera uma queda nas vendas por causa da situação econômica do País.*

Todas elas aparecem com muita freqüência nos meios de comunicação. Mas, em todas, o verbo **esperar** está muito mal empregado, porque indica desejo, esperança, expectativa favorável. Por isso, a família pode *prever*, mas não deve *esperar* a morte do doente. Da mesma forma o governo *prevê* ou *teme* grande número de falências, enquanto a empresa também *receia* ou *prevê* queda das vendas. Nem o governo nem a empresa, porém *desejam* esses fatos.

(Eduardo Martins, *Com todas as letras*. O Estado de S. Paulo, 1999, p. 123)

a) Nos primeiros quatro parágrafos, fica caracterizado um erro. Diga em que consiste esse erro, usando o que você aprendeu sobre papéis temáticos.

b) Os maus usos do verbo *esperar* que o autor caracteriza neste texto são semanticamente parecidos com os maus usos de *operar*? Por quê?

Exercícios

1. Um bom teste para reconhecer o instrumento consiste em reconstruir a sentença com o verbo *usar*; ex.: o lenhador cortou a árvore centenária com uma motosserra = o lenhador usou uma motosserra para cortar a árvore ("motosserra" é o instrumento). Aplique esse mesmo teste nas sentenças a seguir, para determinar se a preposição *com* indica instrumento:

A mulher do prefeito corta o cabelo <u>com o Paulinho.</u>

Elimine os piolhos <u>com Kwell.</u>

Manchas de ferrugem saem <u>com suco de limão.</u>

Viaje <u>com a Stella Barros.</u>

Cole <u>com Tenaz</u> (e descole se for capaz).

Não grite <u>comigo.</u>

O senhor não sabe <u>com quem está falando.</u>
Depois de passar cera Nugget, dê brilho aos sapatos <u>com uma flanela seca.</u>

2. Muitos verbos, além de descrever uma ação, dão indicações sobre o instrumento por meio do qual é realizada. A propósito destes, diga que ação descrevem e com que instrumento ela se realiza:

- Esfaquear (um desafeto).
- Desempenar (uma parede).
- Moer (café).
- Peneirar (areia).
- Tornear (uma peça de madeira).
- Esmerilhar (uma chapa de metal).
- Untar (uma assadeira).
- Polvilhar (um bolo).
- Fotografar (um grupo de amigos).

3. Na caracterização dos papéis temáticos, a noção de alvo aplica-se a duas realidades diferentes:

a) algo que <u>resulta</u>, isto é, <u>passa a existir</u> por efeito de uma ação;
b) algo que já existia anteriormente e é <u>modificado</u> por uma ação. Diga a que tipo pertencem os "alvos" assinalados nestes trechos, extraídos de um livro de História:

Alemão, Langsdorff era cônsul da Rússia no Brasil, onde esteve pela primeira vez em 1803, apaixonando-se pela ilha de Santa Catarina. Voltou ao país em 1820 para fixar residência no Rio, onde adquiriu a Fazenda da Mandioca, que logo se tornou reduto de pesquisas agrícolas. Em pleno regime escravocrata, o barão contratou colonos alemães, e os pagava bem. Três anos depois de voltar da Europa, Langsdorff partiu em setembro de 1825 para sua grande expedição científica pelo interior do Brasil: a aventura custaria 350 mil rublos ao czar e estava fadada ao fracasso. Ao longo de dois anos e 16 mil quilômetros, os 34 homens de Langsdorff – entre eles os pintores Hercule Florence e Adrien Taunay – percorreram a rota das monções, coletando 100 mil amostras de plantas. A marcha foi marcada por doenças, febres, suicídios, paixões e lutas ardentes, delírios e descaminhos. Em abril de 1828, o barão enlouqueceu, e em outubro, 12 debilitados expedicionários retornavam ao Rio. Por anos a fio, o esplendoroso legado científico da missão ficaria jogado nos porões do museu de São Petersburgo, na Rússia...
"Naturalista preparando-se para viagem através do Brasil procura um pintor. Às pessoas que preencham as condições necessárias, roga-se

que se dirijam ao consulado da Rússia." Esse anúncio, publicado num jornal do Rio de Janeiro, em 1825, foi o passaporte para o aventureiro, naturalista e pintor Hercule Florence assegurar sua entrada na história da iconografia brasileira. Nascido em Nice, em 1804, chegou ao Rio em maio de 1824. O anúncio de Langsdorff mudaria sua vida.

Florence não apenas produziu mais de 200 gravuras sobre a malfadada expedição como também publicou o seu diário, com o título de "Viagem Fluvial do Tietê ao Amazonas", e organizou a obra do finado Taunay [Adrien Taunay, morto durante a expedição]. Ao retornar da viagem em 1829, Antoine Hercule Romuald Florence se estabeleceu em Campinas, onde abriu uma loja de tecidos, casou-se e dedicou-se a pesquisas sobre a "poligrafia" e o "papel inimitável", que o tornaram precursor mundial da fotografia. Morreu em 1879.

(*História do Brasil* da Folha de S. Paulo, ed. 1997, p.102/103)

4. No primeiro semestre do ano 2000, o Governo Federal impôs às agroindústrias um novo tributo, a Taxa de Fiscalização Ambiental (TFA), que foi bastante criticado na imprensa. Para contestar o novo tributo, o professor Luiz Augusto Germani, especialista em Direito Agrário da Fundação Getúlio Vargas, comenta cada uma de suas "condições jurídicas", numa análise que lembra a análise lingüística por papéis temáticos. Leia o texto e responda em seguida às perguntas.

A TFA foi criada pela Lei 9960, de 28 de janeiro deste ano, fixando as seguintes condições para sua existência:
A – Quem cobra: o Instituto Brasileiro do Meio Ambiente e dos Recursos Naturais Renováveis (Ibama), sujeito ativo da obrigação tributária;
B – De quem se cobra: das pessoas jurídicas ou físicas que se dediquem a atividades potencialmente poluidoras e/ou à extração, produção, transporte e comercialização de produtos potencialmente perigosos ao meio ambiente, assim como produtos e subprodutos da fauna e da flora (sujeito passivo na relação tributária);
C – Quando se cobra: anualmente;
D – Situação de cobrança: atualização cadastral anual (fato gerador do tributo).
De modo impressionante, é possível notar ilegalidades e inconstitucionalidades em todas as condições jurídicas de sua cobrança:
A – Quanto ao sujeito passivo: é pessimamente determinado, tendo em vista que podem ser considerados contribuintes desde a Usina Nuclear de Angra dos Reis até o motorista de táxi que queima combustível...
B – Quanto à época de cobrança: como pode ser cobrada anualmente uma taxa de fiscalização que pode até mesmo não ser exercida naquele ano?

C – Quanto ao valor: R$ 3 mil é um valor confiscatório, tendo em vista que não há como justificar um registro cadastral ou um ato fiscal que justifique esse custo ...

Percebe-se nitidamente que o desrespeito à lei e à Constituição está a servir única e exclusivamente ao caixa arrecadador do sujeito ativo desta relação tributária (Ibama).

A solução? Recorrer ao Judiciário...

(Suplemento Agrícola do jornal O Estado de S. Paulo, 29.3.2000)

a) Resuma a argumentação desse texto, usando as expressões "agente da cobrança", "alvos da cobrança", "valor", "época" e "propósitos";

b) Pense em alguma situação que você considera injusta. Caracterize essa situação analisando um a um os fatores (ou "papéis temáticos") que a caracterizam.

5. Encontre o termo apropriado para:

a) A casa onde mora o presidente da República (residência oficial do presidente da República).

b) O prédio ou conjunto de instalações onde funciona um clube (a .... do clube).

c) A pessoa a quem é entregue a mercadoria roubada (o .... da mercadoria).

d) A pessoa que escreve um livro ou faz uma proposta (o .... do livro ou da proposta).

e) A pessoa que sofre um assalto ou um atropelamento (a .... do assalto ou atropelamento).

f) A pessoa que manda, e a pessoa que recebe uma carta (o .... e o d......... da carta).

g) Pessoa a mando de quem é cometido um crime (o .... do crime).

h) A pessoa que os traficantes usam para transportar droga entre localidades distantes (a ....).

6. Para os estudiosos da linguagem, o verbo *ser* é um só, mas os matemáticos perceberam há tempo a necessidade de traduzi-lo por meio de três símbolos diferentes, que todos nós aprendemos como parte da teoria dos conjuntos: '$\in$', '$\subset$' e '='. O primeiro desses símbolos expressa uma relação de pertinência, entre um indivíduo e um conjunto; o segundo, uma relação de inclusão entre conjuntos, e o terceiro uma relação de igualdade entre indivíduos. Assim, um matemático traduzirá

Três é um número primo	*Os gatos são felinos*	*Pedro é o meu melhor amigo*
3 $\in$ {números primos}	*{gatos} $\subset$ {felinos}*	*Pedro = meu melhor amigo*

Faça de conta que você é um matemático, e traduza estas frases, considerando apenas as partes grifadas e desprezando, na tradução, os tempos do verbo:

a) Fernão de Magalhães, que deu a primeira volta ao mundo em 1519, era português.

b) Machado de Assis é o autor de *Memórias Póstumas de Brás Cubas*.

c) As baleias são mamíferos.

d) Diadorim é uma personagem de *Grande Sertão - Verdedas*.

e) Riobaldo é a personagem principal de *Grande Sertão - Veredas*.

f) Recife é a capital de Pernambuco.

g) Recife é uma cidade de Pernambuco.

h) As moscas são insetos.

7. Infelizmente, a palavra "denúncia" tem freqüentado os noticiários nos últimos tempos. Ora, a ação de denunciar envolve necessariamente 1 – alguém que toma a iniciativa da denúncia, 2 – alguém que é denunciado e 3 – alguma ação, representada como criminosa, que o autor da denúncia imputa ao denunciado. Nas notícias abaixo, a palavra *denúncia* é seguida pela preposição *de*, que introduz um complemento nominal. Valendo-se do contexto, diga se esse complemento nominal identifica o autor da denúncia, o denunciado ou o crime.

Computadores e documentos apreendidos na Prefeitura podem conter provas de suborno

A força-tarefa do Ministério Público Estadual e da Polícia Civil inicia hoje a análise de documentos e computadores apreendidos na sexta-feira na Secretaria de Governo. Para o MPE, o conteúdo do material passa a ser o centro das investigações sobre o esquema de corrupção na administração municipal. O material apreendido, 15 CPUS e três caixas de documentos, pode conter dados que comprovem as denúncias da ex-primeira-dama Nicéia Pitta.

(*O Estado de S. Paulo*, 3.4.2000)

Vereadora ironiza denúncia de mesada

Em meio à acareação com o estelionatário Fabiano Leite de Sá Lima, Maria Helena (suspensa do PL) respondeu com ironia às acusações de que receberia mesada mensal da Prefeitura como propina.

"Daqui a pouco vão dizer que quem crucificou Jesus Cristo fui eu".

(*O Estado de S. Paulo*, 4.4.2000)

VASP NÃO CUMPRE DECISÃO DA JUSTIÇA

A Vasp não está respeitando os direitos trabalhistas de seus funcionários, <u>segundo denúncia</u> do Ministério Público do Trabalho do Estado de São Paulo.

No dia 12 deste mês, a Justiça do Trabalho havia concedido liminar, em ação civil pública, determinando que a Vasp cumprisse uma série de obrigações trabalhistas de seus empregados – pagar salários, depositar o FGTS, entre outras...

(Folha de S. Paulo, 19.4.2000)

Denúncia envolvendo projeto de Garotinho gera crise na Uerj

<u>As denúncias de irregularidades</u> em um dos maiores programas sociais do governo Garotinho, o Vida Nova, desencadeou uma crise política na Universidade Estadual do Rio de Janeiro.

As denúncias foram feitas pelo diretor do Cepuerj (Centro de Produção da Uerj), Paulo Adler, responsável pela gestão do programa.

A reitora da Uerj, Nilcéia Freire, contesta a forma como as denúncias se tornaram públicas.

(Folha de S. Paulo, 20.5.2000)

8. Você sabe que as anedotas costumam ter algum fundamento lingüístico. Na que segue, esse fundamento consiste numa atribuição de um papel temático equivocado a uma certa personagem. Explique por quê.

Mulher — Trabalhar o tempo inteiro e tomar conta da casa está me levando à loucura! Depois do emprego, cheguei em casa e lavei a roupa e a louça. Amanhã tenho de lavar o chão da cozinha e as janelas da frente!

Outra mulher — Então? E teu marido?

Mulher — Ah, isso eu não faço de maneira nenhuma! Ele pode muito bem se lavar sozinho!

9. Uma compra é às vezes representada como uma dupla troca, em que o dinheiro passa das mãos do comprador para as do vendedor, e algum objeto (ou serviço) passa das mãos deste para as do comprador. No diagrama abaixo, os dois quadros representam dois momentos sucessivos. Sabendo que a letra **d** representa o dinheiro, o que representam as letras **A**, **B** e **X**?

Qual seria o gráfico apropriado para os verbos "vender" e "pagar por"?

10. Na linguagem dos jornais, sobretudo nas manchetes, são cada vez mais comuns construções como estas:

a) Shoppings e internet disputam clientes.
b) Inflação estável mantém meta com o FMI.
c) Planos de saúde querem repassar taxas a clientes.
d) Explosão mata 15.
e) Demora em atendimento mata idoso.
f) Peça homenageia Dias Gomes.
g) Comício reúne 200 mil pessoas.
h) Muro de 2 metros isola condomínio.
i) Reforma retira poder dos delegados.
j) Documento mostra estratégia de viagens.
m) Leilões oferecem 150 imóveis.
n) Lançamentos testam viabilidade comercial do *loft*.
o) Inquérito comprova fraude eleitoral.

Em todas essas construções, um substantivo que indica coisas ou processos foi usado como sujeito gramatical de um predicado que, normalmente, expressaria ação intencional de um ser humano ou de uma instituição. Encontre, nos jornais e revistas a que você tem acesso, mais uma dúzia de frases desse tipo; reconstrua-as em seguida de modo que a posição de sujeito seja ocupada pelo nome da(s) pessoa(s) ou instituição(ões) a quem coube a iniciativa. (Ex.: "Comerciantes de shoppings disputam clientes com *sites* de vendas", ou "Quinze pessoas morrem em explosão".) Verifique em seguida se as expressões grifadas identificam o instrumento, o local ou o objetivo visado com a ação.

Mecanismos de paráfrase baseados no léxico

Objetivo

Explorar as possibilidades de paráfrase baseadas no conhecimento do léxico.

Caracterização geral

✓ Duas sentenças são paráfrases uma da outra quando descrevem de maneiras equivalentes um mesmo acontecimento ou um mesmo estado de coisas.

✓ Os recursos por meio dos quais construímos paráfrases de sentenças são de dois tipos:

1) os que consistem em aplicar transformações de caráter sintático (das quais a mais conhecida das quais é a formação da voz passiva);

2) os que lançam mão de conhecimentos do léxico, tirando proveito da equivalência de palavras e construções. Neste capítulo, só serão considerados os mecanismos de paráfrase baseados no léxico.

Material lingüístico

Constroem-se paráfrases:

✓ Recorrendo ao "predicado converso"

– Com **substantivos**: *José é filho de Pedro* = *Pedro é pai de José.*

– Com **adjetivos** (incluindo a comparação de superioridade e inferioridade): *Os produtos da Coca-Cola são superiores aos produtos da Antártica* = *Os produtos da Antártica são inferiores aos produtos da Coca-Cola.*

– Com **verbos** (incluindo a voz passiva: *José emprestou um livro a Pedro* = *Pedro tomou um livro emprestado de José.*

– Com **preposições**: *A padaria fica depois do açougue* = *O açougue fica antes da padaria.*

✓ Recorrendo a "predicados simétricos"

– Com **substantivos**: *José irmão de Pedro* = *Pedro é irmão de José.*

– Com **adjetivos** (incluindo comparação de igualdade): *Os produtos da Coca-Cola são <u>tão bons</u> quanto os produtos da Antártica* = *Os produtos da Antártica são <u>tão bons</u> quanto os produtos da Coca-Cola.*
– Com *verbos* (incluindo a voz passiva)*: Maria namora José* = *José namora Maria.*
– Com **preposições** e **locuções prepositivas***: A padaria fica perto do açougue* = *O açougue fica perto da padaria.*

✓ Trocando expressões baseadas em **diferentes verbos-suporte**
José tem barba = *José é barbudo.*
José tem muita idade = *José é muito idoso, muito velho.*
José tem paciência = *José é paciente*
(mas atenção: às vezes as equivalências falham: *José é narigudo* não é exatamente a mesma coisa que *José tem nariz*; e *José não é narigudo* definitivamente não equivale a *José não tem nariz*)

✓ Expressando as mesmas relações ora por meio de **palavras que pertencem a classes morfossintáticas diferentes** (preposições x verbos, conjunções x verbos, etc.):
Antes do jantar, o presidente fez um discurso = O jantar foi precedido pelo discurso do presidente.
Por causa da chuva, os convidados se atrasaram = A chuva provocou o atraso dos convidados.

✓ Recorrendo a termos **sinônimos** (ex.: *A aula foi tediosa, A aula foi maçante, A aula foi chata.* Ver capítulo *Sinonímia*).

Atividade

Os provérbios recorrem às vezes a sinônimos para caracterizar situações em que uma diferença esperada não acontece. Conte uma história que possa ter por título um destes ditados:
Trocar seis por meia dúzia.
O roto dá conselhos ao esfarrapado.
Chover no molhado.

Exercícios

1. Sabendo que Pedro <u>é filho de</u> José, podemos afirmar com toda a certeza que José <u>é pai de</u> Pedro, assim como podemos afirmar que <u>o pai de</u> Pedro <u>é</u> José.

O presidente Truman foi hóspede do presidente Dutra.	ou seja	Dutra foi .... do presidente Truman.
Jatene foi aluno de Zerbini.	ou seja	Zerbini foi .... de Jatene.
José de Alencar foi protegido de Dom Pedro II.	ou seja	Dom Pedro II foi .... de José de Alencar.
Aquarela do Brasil é uma composição musical de Ari Barroso.	ou seja	Ari Barroso é .... de Aquarela do Brasil.
O ator e escritor Mário Lago foi o criador da personagem "Amélia".	ou seja	A personagem "Amélia" é .... do ator e escritor Mário Lago.
Alexandre, o Grande, foi discípulo do filósofo Aristóteles.	ou seja	O filósofo Aristóteles foi .... de Alexandre, o Grande.
O ator americano James Dean foi o ídolo da geração de 50.	ou seja	A geração de 50 foi .... do ator americano James Dean.
O prêmio consiste em uma viagem ao Havaí e uma quantia em dinheiro.	ou seja	Uma viagem ao Havaí e uma quantia em dinheiro .... o prêmio.

2. Complete, conforme o exemplo:

médico – paciente algoz
súdito – rei ou imperador inquilino
avô fornecedor
advogado representado
patrão subordinado

Dê um exemplo de cada uma dessas situações, e compare em seguida com os exemplos dados pelos seus colegas.

3. Os dois textos a seguir foram extraídos de dois jornais publicados na mesma data, e tratam do mesmo acontecimento – a vitória de Michael Schumacher no Grande Prêmio do Brasil 2000 de Fórmula 1, que para os brasileiros teve sabor de derrota, já que Rubem Barrichello precisou abandonar a corrida depois de estar na frente por um bom tempo. Lendo atentamente os dois textos, você poderá observar que há entre eles muitas pequenas diferenças. Enquadre essas diferenças num dos seguintes casos:

- diferenças nos fatos;
- diferenças ideológicas (os fatos narrados são os mesmos, mas são interpretados de maneiras diferentes, por efeito de diferentes interesses e pontos de vista de quem escreve);
- diferenças apenas no modo de dizer.

Ainda não foi desta vez
(Folha de São Paulo, 27.3.2000)

A Ferrari venceu, mas com Michael Schumacher. E o estigma de azarado rondou Rubens Barrichello mais uma vez, ontem, no autódromo de Interlagos.

Uma falha no sistema hidráulico de seu carro obrigou o piloto brasileiro a abandonar o GP Brasil de F-1 após 27 voltas.

Até então Barrichello fazia uma boa corrida, ocupando a quarta colocação, após uma parada nos boxes. Dentro da lógica da prova, marcada pelo duelo tático entre a escuderia italiana e a rival Mc Laren, o piloto tinha condições de lutar até pela segunda colocação.

A falha, porém, praticamente pôs fim ao GP Brasil mais concorrido dos últimos anos, marcado pelo entusiasmo da torcida, tingida de vermelho, nas arquibancadas de Interlagos, pela presença intensa de VIPs nos camarotes, e pela bagunça, que pode levar os organizadores da corrida a serem multados pela FIA.

Um anticlímax semelhante ao do ano passado, quando o piloto brasileiro surpreendeu, liderando parte da corrida em um frágil Stewart para finalmente quebrar.

Desta vez, porém, Barrichello tinha uma Ferrari. E, após um segundo lugar na Austrália, na abertura do Mundial, foi transformado em pop star, atendendo a inúmeros compromissos que lotaram sua agenda, fazendo com que o piloto até reclamasse de estresse às vésperas da corrida.

Rubinho e o drama de Interlagos
(Diário do Comércio do Recife, 27.3.2000)

São Paulo – A torcida deu um show, colorindo de vermelho o circuito de Interlagos.

O brasileiro Rubens Barrichello também fez a sua parte. Pilotou rápido, ultrapassou o escocês David Coulthard, da Mc Laren, e levou seu carro ao limite. Não adiantou. Considerado o carro mais confiável da Fórmula 1, a máquina da Ferrari quebrou na 27ª volta, adiando a realização do sonho de Rubinho, compartilhado este ano com mais de 60 mil pessoas que lotaram o autódromo.

Abatido, mas conformado, o piloto seguiu para os boxes, onde desabafou. "Foi um pecado. Fiz o que podia para deixar o meu público contente. Foi uma pena. "As quebras têm sido um drama para o piloto em Interlagos. No ano passado, depois de liderar por várias voltas, sua Stewart parou. "Vamos discutir o que aconteceu esta semana, para não repetir os erros."

Erros esses que levaram o carro de Rubinho a problemas hidráulicos e culminaram com a saída do piloto da prova. "O carro estava andando bem, até que comecei a sentir o volante muito duro. Depois, o hidráulico se estendeu ao acelerador e aí não teve mais jeito. A pressão ficou muito alta." Ele ficou surpreso com o problema, pois diz ter um carro confiável nas mãos. "Nosso carro foi exaustivamente testado, e foi parar logo na prova do Brasil".

5. Duas traduções de um mesmo texto escrito originalmente em língua estrangeira nunca são iguais. Os trechos que seguem foram extraídos de duas boas traduções de *As Aventuras de Tom Sawyer*, de Mark Twain: Luísa Derouet (Clube do Livro) e Carlos Heitor Cony (Coleção Elefante – livros de bolso da editora Ediouro). Trata-se, do episódio em que Tom transforma a penosa tarefa de pintar uma cerca de tábuas num motivo de lucro. Compare as traduções, e discuta:

a) como podem ser explicados os "cortes" feitos por Carlos Heitor Cony na narrativa e nos diálogos?

b) Ache, no texto de Carlos Heitor Cony, as expressões que correspondem às que foram grifadas no texto de Luísa Derouet. Comente livremente essas correspondências:

(Tradução de Luísa Derouet)

Tom olhava para as últimas pinceladas dadas, com um olhar de artista, depois pegou no pincel e deu outro retoque, tornando a olhar como antes. Ben pôs-se ao lado dele e Tom sentiu água na boca só de olhar para a maçã, mas <u>não parou de trabalhar</u>. Por fim, Ben perguntou:

— Tem então de trabalhar, hein? Tom voltou-se rapidamente.

— Ah! É você, Ben! Não tinha visto...

— <u>Olhe</u>, vou nadar. Não gostaria de ir também? Pelo que vejo, tem de fazer esse trabalho, não é?

É claro que tem.

Tom olhou-o por momentos, e por fim perguntou-lhe: o que é que você chama trabalho?

— Então isso não é trabalho? Tom continuou a caiar e respondeu despreocupadamente:

— Talvez seja, talvez não. O que eu sei é que <u>é muito do agrado de Tom Soyer</u>.

— Não vá me dizer que gosta disso.

O pincel continuava a se mover

— Gostar disto? Não vejo por que não hei de gostar. Não é todos os dias que um menino como nós tem ocasião de <u>pintar</u> uma cerca.

<u>Isso</u> punha as coisas noutro pé.

Ben parou de <u>comer</u> a maçã. Tom pintava cuidadosamente, movendo o pincel de um lado para outro, dava um passo atrás para ver o efeito, retocava aqui e ali, tornava a ver o efeito e, entretanto, Ben olhava para tudo aquilo cada vez mais entretido, até que, passados alguns momentos, disse:

— Deixe-me caiar um pouquinho, Tom? Tom pensou um instante, <u>quase</u> consentiu, mas mudou de idéia.

— Não, não! Não pode ser, Ben. Como você sabe, tia Polly é muito exigente com esta cerca. Bem aqui na rua... ainda se fosse <u>do lado de</u>

trás não me importava e ela também não. Mas ela tem umas esquisitices com esta cerca. O serviço tem de ser feito com muito cuidado. Em mil meninos, talvez até em dois mil , não haveria outro que o fizesse como deve ser.

— Não? É assim difícil? Deixe-me experimentar! Só um pouquinho! Eu, se estivesse no seu lugar e você fosse eu, deixava.

— Bem, eu também gostaria de deixar, palavra, mas tia Polly... Olhe, o Jim quis fazer isto e ela não deixou; Sid quis fazê-lo e ele não deixou.

Ela não deixou Sid! Por aí você vê como é a coisa. E se você caiasse isto e acontecesse alguma coisa?!

— Ora! Bobagem! Eu tomo tanto cuidado como você. Deixe-me experimentar! Olhe, eu lhe dou o miolo da minha maçã.

— Bem... Não, Ben, não pode ser. Tenho medo...

— Eu lhe dou a maçã inteira!

Tom abandonou o pincel, mostrando certa relutância e, com o coração cheio de alegria, e, enquanto aquele que antes personificava o Grande Missouri trabalhava e suava ao sol, o artista reformado sentou-se num barril à sombra, a abanar as pernas, a mastigar a maçã e a planejar o sacrifício de outros inocentes. Material não faltava, porque os meninos passavam constantemente por aí. Vinham para troçar, mas acabavam caiando.

(Tradução-adaptação de Carlos H. Cony)

Tom examinou a última pincelada com ar de artista, deu mais um retoque, observou de novo. Tinha a boca cheia d'água por causa da maçã. Porém continuou o trabalho.

Ben perguntou:

— Olá, velho, você tem de dar duro, não?

— Olá, Ben, eu não tinha visto você.

— Escuta, vou nadar. Você dava tudo para poder ir também, hein? Mas você prefere trabalhar, é claro!

— Que é que você chama de trabalho?

— Ora, então, isso aí não é trabalho?

Tom respondeu despreocupadamente:

— Depende de quem faz. Só sei que me agrada.

— Essa não! Quer me dizer que gosta disso?

A broxa subia e descia.

— E por que não? Não é todo dia que um garoto tem oportunidade de caiar uma cerca.

A explicação dava ao caso um novo aspecto. Ben parou de roer a maçã e interessou-se. Finalmente propôs:

— Tom, me deixa caiar um pouco. Tom estava a ponto de consentir, mas mudou de idéia.

— Não, você não sabe fazer isso; Tia Polly é muito exigente com esta cerca. Se fosse a cerca dos fundos, vá lá. Não há um rapaz em mil, talvez dois mil, que saiba pintar direito uma cerca destas.

— Não diga! Vamos, me deixa experimentar um pouquinho.

— Ben, palavra de honra, eu gostaria... mas Tia Polly... Ela não deixou Jim. Nem Sid. Compreende? Você poderá errar...

— Ora bolas, tomo todo cuidado. Deixa.

Olha, fica com um pedaço da minha maçã.

— Bem, assim... Não, tenho medo. Já disse, não!

— Toma a maçã toda!

Tom cedeu, mostrando relutância no rosto, mas com o coração em festa. De vez em quando aparecia um rapaz para zombar e acabava ficando para trabalhar. Quando o "Big Missouri" pregou, Tom já havia negociado a vez com Billy Fischer em troca de uma pipa em bom estado. Pelo meio da tarde, Tom, o pobre rapaz da manhã, estava com os bolsos cheios.

6. Uma das principais características dos textos autenticamente falados é que seu planejamento é simultâneo à própria elocução. Com isso, o falante se vê obrigado a monitorar "em tempo real" sua própria elocução, reformulando o texto à medida que ele vai sendo produzido. Nesse processo, são particularmente comuns as paráfrases "retificadoras". Veja como isso acontece neste trecho de uma aula de Organização e Métodos que analisa a história da cadeia de lanchonetes Bob's, gravada para fins de estudo da linguagem falada culta da cidade do Rio de Janeiro:

> era uma empresa de pequeno porte... mas chegou um determinado momento... no ano passado EM QUE... a sua administração se defrontou com um problema muito grave... ou a empresa abandonava a sua estrutura de pequeno porte...ou...então...a empresa ia acabar desaparecendo... por que razão? Porque <u>ela possuía uma administração muito pequena...</u> [...] a empresa tinha três ou quatro pessoas na sua direção e... aproximadamente dezoito... filiais... onde.. <u>gerentes</u>... empregados chamados de gerentes... tinham uma determinada função... mas não tinham uma autonomia gerencial... era apenas... o chefe daquele setor... <u>o gerente é muito mais que um simples chefe</u>... ele tem uma autonomia... administrativa... ele tem uma...delegação de autoridade... e... portanto... ele tem uma parcela de poder... coisa que... em relação às lojas do Bob's... não existia... porque o gerente <u>... apenas... era o encarregado do cumprimento das tarefas</u>... ele não podia admitir ninguém... o critério de admissão... de seleção... de promoção de pessoal... não era

dele... ele não tomava... nenhuma... deliberação importante... não tinha nenhuma iniciativa... ele... apenas... controlava... as tarefas... previamente fixadas... o que aconteceu com o Bob's? ele foi crescendo e, num determinado momento... ele paralisou... estacionou... por que ele estacionou? Porque para crescer mais do que isso... era preciso... criar uma nova estrutura... se o Bob/Bob's pretendesse ampliar sua área de atuação no estado do Rio... chegar a São Paulo... portanto ampliar sua participação no mercado... não eram três ou quatro pessoas que podiam continuar dirigindo... era preciso produzir aqui.... neste nível... uma... direção intermediária... uma administração de porte intermediário... de nível intermediário... portanto... uma administração... aqui... que seria o elemento de ligação entre já e a administração superior [...] e a administração de nível inferior... pra isso ... era preciso delegar autoridades e os seus dirigentes não quiseram... eles acharam que... preferiam manter aquela pequena estrutura... porque não queriam perder o controle da empresa... eles consideravam que... o processo de delegação de autoridades significaria a possibilidade de outras pessoas que não sócias-proprietárias... portanto a FAMÍLIA... dirigisse o negócio [...] era uma questão de opção... pretendiam permanecer nessa posição... acontece que aí... vem uma empresa maior vem uma empresa multinacional e chega... e conVIDA... aquela empresa de pequeno porte a uma negociação... e pergunta... "(vo)cê tem interesse em vender o negócio?" [...] começa ali uma fase de negociação... uma fase de barganha e.. depois... uma fase de pressão...

(Transcrito com modificações do inquérito 364 Nurc-Rj, Dinah Callou,
A linguagem falada culta na cidade do Rio de Janeiro: materiais para o seu estudo. Rio de Janeiro, Ufjr/Fujb,
1991, p. 60-61; as passagens em letras maiúsculas foram pronunciadas em tom mais alto)

Todas as expressões grifadas sofrem reformulação na seqüência do texto. Transcreva as expressões que realizam essa reformulação, e diga se se trata de uma "correção" ou de uma "amplificação".

7. O texto que segue foi extraído da edição de setembro de 1996 de *Nova Escola*, revista de orientação e atualização destinada a professores de primeiro grau. Apesar de clara para o professor, a linguagem utilizada nesse texto ainda não é a que o próprio professor usaria para explicar o experimento a crianças de quarta e quinta séries. Que formulação você usaria para isso?

Laboratório

FERMENTO

Experiência à base de ingredientes de cozinha demonstra a alunos de quarta e quinta séries como um minúsculo fungo transforma açúcar em gás carbônico.

A QUÍMICA
DOS SERES VIVOS

Quando se usa fermento de padaria para fazer pão, muitas vezes passa despercebido o fato de que minúsculos seres vivos estão ali na massa trabalhando, ou melhor, alimentando-se vorazmente.

São leveduras da espécie *Saccharomyces cerevisae*, um fungo unicelular presente no fermento biológico. Sem ele, o pão não cresce e fica duro.

Esta experiência para quarta e quinta séries mostra o resultado de uma reação química produzida por esse ser vivo. Num meio líquido previamente preparado, o fungo consome açúcar, do qual extrai energia para sua sobrevivência, e libera gás carbônico, responsável pelo crescimento e pela maciez do pão. O processo se chama fermentação, e ocorre no interior da célula.

No experimento sugerido pelo coordenador de Ciências da Escola da Vila, Vinícius Signorelli, os alunos verificam a expansão do gás carbônico de dois jeitos: pela formação de bolhas de gás no líquido e pelo inflar de um balão de borracha.

MATERIAL NECESSÁRIO

– Três garrafas transparentes com gargalos pequenos (podem ser de refrigerante de 300 ml.)
– Três balões (bexigas) de borracha, de tamanho pequeno
– Dois tabletes de fermento de padaria (biológico)
– Duas colheres (das de sopa) de açúcar
– Três copos de água
– Fita adesiva

PREPARE OS INGREDIENTES
E OBSERVE O ESPETÁCULO

Faça três misturas separadas. A primeira com um copo de água e uma colher de açúcar, a segunda com um copo de água e um tablete de fermento, e a terceira com um copo de água, uma colher de açúcar e um tablete de fermento. Misture os ingredientes até dissolvê-los.

Coloque cada um dos preparados em uma garrafa. Fixe os balões nos gargalos com fita adesiva. As duas primeiras garrafas mostram que sem um dos componentes não há reação química. A fermentação só se desencadeia na terceira garrafa.

1 – O cenário montado
No primeiro momento, os três balões permanecem murchos.
2 – A levedura em ação
Formam-se bolhas de gás carbônico na terceira garrafa.
3 – O show do gás carbônico
O gás se expande pelo recipiente, inflando o balão.

8. Partindo do princípio de que toda repetição é deselegante e revela pobreza de recursos expressivos, os velhos manuais de redação recomendavam às vezes que se procurassem formas alternativas para dizer as mesmas coisas. Às vezes, as alternativas eram estapafúrdias. Assim, em vez de "o café", seria possível dizer, conforme o contexto, "rubiácea escaldante", "infusão nacional por excelência", "ouro verde", "carro-chefe das nossas exportações" etc. Descubra um editorial de jornal em que um mesmo indivíduo (ou um mesmo fato, problema etc.) seja designado de três modos diferentes.

9. A linguagem das bulas de remédios é às vezes de difícil compreensão para quem não é médico. Imagine que alguém a quem foi receitado o remédio Voltaren pediu que você lhe explicasse as advertências contidas na bula do remédio. Que "tradução" você faria?

Geigy
Voltaren®

Advertências
Sangramentos ou ulcerações/perfurações gastrintestinais podem ocorrer a qualquer momento durante o tratamento, com ou sem sintomas de advertência ou história prévia. Estes, em geral, apresentam conseqüências mais sérias em pacientes idosos. Nesses casos raros de sangramentos ou ulcerações/perfurações, o medicamento deve ser descontinuado. Assim como com outros agentes antiinflamatórios não esteróides, relações alérgicas, incluindo-se reações anafiláticas e/ou anafilactóides, poderão também ocorrer em raros casos sem a prévia exposição ao fármaco.
Assim como outros AINEs, VOLTAREN pode mascarar os sinais e sintomas de infecção por causa de suas propriedades farmacodinâmicas.

10. Chama-se litotes a figura de estilo que consiste em negar o contrário do que se quer afirmar (dizendo, por exemplo, que fulano de tal não é indiferente ao charme de uma certa mulher, em vez de dizer que ele gosta da tal mulher). Essa figura aparece com alguma freqüência nas declarações dos políticos e dos acadêmicos. Diga o que os autores das frases abaixo quiseram dizer, sem usar litotes (se for possível).

"Seria falsidade não admitir que nós passamos um momento delicado."
(Ministro da Casa Civil Pedro Parente, sobre as relações entre o PSDB e o PFL, abril de 2000)

"A influência dos vereadores não é prejudicial à população."
(Prefeito Celso Pitta, a propósito das interferências dos vereadores nas administrações regionais da cidade de São Paulo, junho de 2000)

"Não creio eu seja totalmente impossível que haja uma deterioração real de nossa situação social, que isso leve a mais repressão e que a democracia seja arranhada, não por culpa de quem está jogando ovo, mas por culpa do sistema, que não corrige essa situação."

(José Murilo de Carvalho, coordenador do programa de pós-graduação em história social da UFRJ (Universidade Federal do Rio de Janeiro), ao lembrar que medidas meramente repressivas, sem levar em conta a questão social, não resolverão o problema da violência, ontem, no jornal *Folha de S. Paulo*, 27.6.2000)

Paráfrase: mecanismos sintáticos

Objetivo

Explorar os mecanismos **sintáticos** que criam alternativas de expressão para um mesmo conteúdo.

Caracterização geral

Há operações sintáticas que "preservam o sentido". O uso dessas operações torna-se então um recurso para construir frases sinônimas.

Material lingüístico

A paráfrase tem em muitos casos um fundamento sintático: passamos de uma sentença à sua paráfrase usando as mesmas palavras (ou palavras da mesma família) e mudando apenas a construção. Os exemplos mais célebres de operação sintática que resulta em paráfrase são:

✔ a formação da voz passiva: *Cabral descobriu o Brasil* ≈ *O Brasil foi descoberto por Cabral;*

✔ a nominalização: *A justiça ordenou a entrega imediata da criança aos pais* ≈ *A justiça ordenou que a criança fosse entregue imediatamente aos pais;*

✔ a substituição de uma forma verbal finita por uma forma verbal infinita: *Aos 30 anos, ficaria mal eu pedir dinheiro a meu pai* ≈ *Aos 30 anos pegaria mal que eu pedisse/se eu pedisse dinheiro a meu pai.* ≈ *Aos 30 anos, pegaria mal eu pedir dinheiro a meus pais;*

✔ alçamento de certos verbos: *Para a maionese endurecer, é preciso que a vasilha esteja absolutamente seca* ≈ *Para que a maionese endureça, a vasilha precisa estar absolutamente seca;*

✔ a substituição de verbos por advérbios e vice-versa (aparentemente: parecer; possivelmente: poder; necessariamente: precisar; geralmente: costumar etc.): *Os ensaios da banda são feitos habitualmente na noite da quarta-feira* ≈ *Os ensaios da banda costumam ser feitos na noite de quarta-feira.*

Na realidade, a escolha entre construções gramaticais "que têm o mesmo sentido" nunca é totalmente indiferente:

✓ Porque as duas sentenças respondem a perguntas diferentes.

Quanto são dois mais dois? Dois mais dois são quatro (OK)

Quanto são dois mais dois? Quatro são dois mais dois. (??)

✓ Porque elas argumentam em sentidos diferentes.

Pedro é mais fraco que João. Ele não vai conseguir levantar a caixa. (OK)

João é mais forte que Pedro. Então Pedro não vai conseguir levantar a caixa. (??)

✓ Porque a diferença entre as duas formas pode ser usada como um meio para alcançar certos efeitos de sentido:

Não sou eu que trabalho na mesma sala que o Paulo, ele é que trabalha na mesma sala que eu.

Atividade

Há alguns anos, a Secretaria da Agricultura do Estado de São Paulo fez circular um livreto chamado "Mãos à horta", no qual se davam instruções básicas a quem quisesse ter uma horta doméstica. Depois de falar da preparação do terreno, da construção dos canteiros e do plantio das hortaliças, o livreto dava orientações para a conservação da horta, que você poderá ler a seguir. Procure explicar com suas próprias palavras em que consiste cada uma das operações recomendadas.

Conservar sua horta

Agora que suas hortaliças estão plantadas, resta cuidar delas para que cresçam saudáveis até serem colhidas.

Eis alguns tratos que a elas devem ser dispensados:

1. Regas. Depois que as hortaliças estiverem mais desenvolvidas, uma rega diária é suficiente para manter a umidade necessária. Você poderá colocar palha ou capim-seco nas partes livres dos canteiros, para ajudar a manter a umidade.
Atenção: evite molhar as plantas quando o sol estiver forte.

2. Capina. Mantenha sempre os canteiros livres de ervas daninhas e matos que retiram a água e os elementos nutritivos do solo, prejudicando as hortaliças.

3. Afofamento da terra. Deixe sempre a terra dos canteiros bem fofa. Isso permite o arejamento e facilita a entrada da água na terra.

4. Amontoa. Quando você capinar ou afofar a terra, aproveite para amontoá-la nos pés das hortaliças, para facilitar o enraizamento. Algumas hortaliças só se desenvolvem bem dessa forma.

5. Adubação por cobertura. Além da adubação feita nos canteiros, você poderá fazer outro tipo, misturando 3 quilos de adubo para cada 20 litros de água. Deixe a mistura fermentar por uma noite e, no dia seguinte, regue próximo aos pés das hortaliças, usando a mistura no lugar da água.

6. Estaqueamento. O estaqueamento é necessário para as plantas trepadeiras ou para as que precisam de um suporte, a fim de evitar que cresçam encostadas na terra, como é o caso do tomate, da vagem e da ervilha, entre outras.
As trepadeiras se prendem sozinhas nas estacas, mas o tomateiro, por exemplo, deve ter os seus ramos amarrados nos suportes.

7. Retirada dos brotos. A retirada dos brotos que formam as ramificações para os lados faz com que as plantas produzam mais.
O tomateiro é uma das espécies que se beneficiam desse cuidado.

8. Rotação. Faça rotação de cultura, ou seja, evite a repetição contínua de um mesmo tipo de hortaliça no mesmo canteiro.

Exercícios

1. Modifique conforme o exemplo:
Foi assim que o José descobriu que estava doente =
Foi assim que o José descobriu sua doença.

   a) Os testes desmentiram que boa parte do material estivesse contaminado.
   b) O discurso mostra que o presidente não está despreparado para exercer o cargo.
   c) Ninguém duvida hoje que as motivações com que circulou o boato tinham caráter político.
   d) Certos fatos só se explicam pela hipótese de que a célebre espiã estava simultaneamente comprometida com as duas potências em conflito.
   e) Surpreendeu os jornalistas que o velhinho estivesse lúcido, aos 103 anos.
   f) Naquele momento, alguém lembrou que o presidente do sindicato não era hábil no trato de questões que exigiam sensibilidade política.
   g) Desde o primeiro momento, nenhum dos técnicos do laboratório se dispôs a afiançar que a fita-cassete era autêntica.
   h) Qualquer químico confirmará a você que as sementes de mamona, com que você brincava em criança, são altamente tóxicas.

2. As transformações exemplificadas pelas frases a seguir são possíveis para muitos falantes do português brasileiro (se não para todos). Para as transformações que você acha possíveis, invente frases novas.
   Ex.: O carro parece estar com problemas = Parece que o carro está com problemas.
   A Maria parece que tem 16 anos = Parece que a Maria tem 16 anos.

   a) O João aparenta estar cansado = Aparenta que o João está cansado.
   b) Resultou que o caixa estava vazio = O caixa resultou estar vazio.
   c) Pela fatura, constava que alguém tinha feito um telefonema interurbano = Pela fatura, alguém constava ter feito um telefonema interurbano.
   d) Perigava o carro fundir na estrada = O carro perigava fundir na estrada.
   e) Calhou de um vizinho passar; foi ele quem avisou em casa que eu tinha sofrido o acidente = Um vizinho calhou de passar; foi ele quem avisou em casa que eu tinha sofrido o acidente.
   f) Acontece que o pessoal do bairro não quer derrubar a árvore = O pessoal do bairro acontece que não quer derrubar a árvore.
   g) Não tem por que assumirmos esse prejuízo = Não temos por que assumir esse prejuízo.

h) Demorou um bocado para o setor de recrutamento contratar um psicólogo = O setor de recrutamento demorou um bocado para contratar um psicólogo.

i) Não precisava de muito para você chamar os outros para a briga = Você não precisava de muito para chamar os outros para a briga.

3. As nominalizações são bastante freqüentes nos jornais, sobretudo nas notícias curtas. Um caderno regional da *Folha de S. Paulo* de 4 de maio de 2000 trazia, num canto de página, estas "Notas":

PTB anuncia hoje candidato de Sumaré

O diretório municipal do PTB em Sumaré anuncia hoje o <u>lançamento</u> do nome da vereadora Cristina Carrara como candidata a prefeita da cidade. Caso a vereadora vença as próximas eleições, será a primeira vez que a cidade de Sumaré terá uma mulher como prefeita.

Prazo para concurso termina amanhã

O prazo <u>para as inscrições</u> no concurso público aberto pela Prefeitura de Campinas termina amanhã.
São 500 vagas para 101 cargos. A maioria das vagas é oferecida nas áreas de saúde e educação. Já foram <u>feitas 6000 inscrições</u> e retirados 25 mil formulários.

Estado entrega nova cadeia neste mês

O secretário estadual da Administração Penitenciária, Nagashi Furokawa, anunciou a <u>entrega</u> do centro de Detenção Provisória em 15 dias em Hortolândia. Com o centro, serão desativadas as cadeias do 4º DP e 5º DP em Campinas. O centro terá 768 vagas.

Redija novamente as três notas, usando uma oração completa no lugar das nominalizações grifadas.

4. Às vezes, a expressão formada por um substantivo <u>mais</u> um verbo "semanticamente fraco" pode ser substituída com vantagens por um único verbo com a mesma raiz que o nome:

Efetuar o cálculo do imposto = Calcular o imposto
Tomar a medicação sem consultar o médico = Medicar-se sem consultar o médico
Fazer a compra de um microscópio = Comprar um microscópio etc.

Às vezes, é vantagem utilizar a expressão composta (verbo + nome). Veja o texto abaixo, e avalie se há interesse em substituir as construções verbo+nome pelo verbo indicado ao lado.

COMUNICAÇÕES: *Estudo britânico e canadense usou vermes*

SALVADOR NOGUEIRA
Free-lance para a Folha

Cientistas da Universidade de Nottingham, Reino Unido, e da Univesidade da Colúmbia Britânica, Canadá, **realizaram um estudo** em vermes nematódeos e determinaram que ondas emitidas de telefones celulares podem **causar modificações** em células.

estudaram

modificar

Apesar de os cientistas não afirmarem que o mesmo efeito necessariamente ocorre em células humanas, a descoberta instiga a polêmica sobre os riscos do uso de telefones celulares.

"Apesar de vermes nematódeos estarem muito distantes do homem, a resposta que monitoramos é muito similar em todos os organismos. É portanto essencial que **testes** similares **sejam feitos** usando células humanas", disse à Folha David de Pomerai, líder da equipe que realizou a **pesquisa**.

testar

pesquisou
consentia-se

Até hoje, o **consenso era** de que os celulares não prejudicam a saúde porque o nível de exposição às microondas é insuficiente para **causar o aquecimento** das células.

aquecer

O estudo, a ser publicado na revista "Nature" do dia 25, mostra que os riscos das microondas podem não **estar restritos** apenas ao aquecimento.

restringir-se

As células da maior parte dos organismos, quando estãc sob condições danosas a proteínas, como calor excessivo, produzem as chamadas proteínas de choque térmico (HSP, em inglês).

Ao **submeter** os vermes **à radiação** de microondas, a mesma produzida pelos celulares, em quantidade muito inferior à produzida por esses aparelhos, os cientistas observaram a produção de HSP, mesmo sem **haver aquecimento**.

radiar

aquecer

Segundo a Anatel, há cerca de 16 milhões de celulares no Brasil.

5. O texto que segue foi escrito por uma Delegacia do Ministério da Agricultura para ser publicado pelo Suplemento Agrícola do jornal *O Estado de S. Paulo*. Suponha que o mesmo texto fosse aproveitado para a confecção de uma cartilha a ser distribuída nos supermercados e que, para isso, ele fosse apresentado como

uma série de respostas a perguntas. Leia o texto, e localize o ponto em que deveriam entrar as cinco perguntas formuladas ao lado:

"A classificação vegetal – análise que determina o tipo do produto conforme a qualidade, e estabelece a diferenciação do preço – foi instituída pela lei federal 6.305, de 15 de dezembro de 1975, e é obrigatória para mais de 30 produtos, entre eles arroz, feijão, trigo, milho comum, pipoca e canjica, farinha de mandioca, amendoim e óleo de soja.

A obrigação atinge, sucessivamente, todas as pessoas que trabalham na cadeia produtiva e de comércio, incluindo quem armazena, prepara, transporta, distribui, beneficia, ensaca, embala e vende, como explica o agrônomo Otávio Borghi Jr., da delegacia do ministério, em São Paulo. "Quem adquire o produto deve exigir do vendedor o Certificado de Classificação ou a Guia de Desdobramento, com a nota fiscal."

O objetivo da classificação não é apenas econômico, evitando que o consumidor seja lesado financeiramente. "É zelar também pela sua saúde." Para fiscalizar, o ministério mantém um cadastro atualizado de pessoas físicas e jurídicas, que trabalham com produtos de origem vegetal. A atualização é feita com base no registro do produto no ministério, obrigatório para a venda. O trabalho de classificação, em quase todo o País, é feito em convênio com as Secretarias de Agricultura. Em São Paulo, o ministério repassou o serviço à iniciativa privada, representada pela Empresa Nacional de Classificação e Análise (Encal) sob a supervisão do ministério.

O serviço é pago: para classificar o feijão, a Encal vinha cobrando, até o fim do ano passado, R$ 1,27 a tonelada. "É um preço quase simbólico", diz o supervisor da empresa, Maurício Caliman. Da receita total, 15% são repassados ao ministério. No ano passado, no Estado, foram classificados 3,7 milhões de toneladas de produtos. O ministério exige que o classificador seja agrônomo ou técnico agrícola.

a) O que é a classificação vegetal?

b) Quem é obrigado a classificar os vegetais?

c) O que se pretende, ao classificar os vegetais?

d) Quem garante a qualidade das classificações?

e) Quem arca com os custos da classificação?

f) Há alguma exigência, para ser um classificador?

6. Diálogos como os que seguem soam estranhos, à primeira leitura, mas são perfeitamente possíveis, e são ouvidos às vezes. O que poderiam significar?

A — Bernardo e Bianca separaram-se.
B — Não foi bem isso. Bianca é que se separou de Bernardo

A — João e Maria não se falam mais.
B — Não, é o João que não fala mais com a Maria.

A — João e Maria foram ao cinema juntos.
B — Não. Foi Maria que foi ao cinema com João.

A — Soube que você está brigado com todo o departamento.
B — Não, é o departamento que está brigado comigo.

A — O novo gerente do Banco do Brasil se indispôs com a cidade inteira.
B — Não, foi a cidade inteira que se indispôs com o novo gerente do Banco do Brasil.

7. Relacione as sentenças com mesmo sentido. Diga em que coluna está a sentença que se expressa por meio de uma ou mais nominalizações.

Para soltar os reféns, o assaltante exigiu que todo o dinheiro fosse entregue.

Estou esperando que os Titãs confirmem que virão para mandar imprimir os convites de formatura.

Assim que viu sua bolsa na mão do meliante, a mulher começou a persegui-lo, gritando "pega ladrão".

A visão da bolsa na mão do meliante fez com que a mulher se lançasse em sua perseguição, aos gritos de "pega ladrão".

A chegada do circo, e o desfile dos bichos, atletas e palhaços agitavam a criançada do bairro.

O jogador prometeu abster-se de qualquer tentativa de provocação dirigida aos adversários.

O jogador prometeu ao técnico que não tentaria provocar os adversários.

Chegava o circo, desfilavam os bichos, os atletas e os palhaços, e isso agitava a criançada do bairro.

Estou esperando a confirmação da vinda dos Titãs para mandar imprimir

O assaltante exigiu a entrega de todo dinheiro, como condição para a soltura dos reféns.

8. Uma forma de gerúndio pode desempenhar várias funções correspondentes às de várias orações subordinadas. Confirme você mesmo, transformando os gerúndios das orações abaixo em subordinadas com verbo finito:

a) Chegando às 21h30min, você perdeu a melhor parte do show, que foi a abertura. Por que não chegou mais cedo?

b) Chegando às 21h30min, você perderá a melhor parte do show, que é abertura. Não há meio de você chegar mais cedo?

c) Chegando às 21h30min, cruzei com o guarda-noturno.

d) Mesmo chegando às 21h30min, consegui falar com o gerente do supermercado.

e) Na rua não havia ninguém exceto o vizinho, chegando, como sempre, às 21h30min.

f) Vazando óleo como estava, o caminhão não chegou a ir longe.

g) Não acredito nessa história de vazamento. Vazando óleo, o caminhão não teria ido muito longe.

h) Vazando óleo, e com os pneus carecas, o caminhão ainda era uma opção melhor do que a mula do seu Joaquim.

i) Vazando óleo, o caminhão estava cada vez mais próximo de fundir o motor.

j) Na estrada, havia passado algum caminhão vazando óleo, e os bombeiros haviam jogado areia e estavam orientando os motoristas para que reduzissem a velocidade.

9. Um recurso sempre disponível para tornar o texto "menos pesado" sem perder informações consiste em lançar mão do "se" apassivador. No texto que segue, reformule mediante o uso do "se" apassivador as orações assinaladas. Não esqueça que o verbo a que se aplica o "se" apassivador concorda com o sujeito posposto.

Técnica é a prioridade na defesa pessoal para mulheres
da reportagem local

As técnicas de defesa pessoal partem do pressuposto de que não é com força que se consegue reverter uma situação de risco.

Uma das estratégias recomendadas é a devolução da força empregada pelo agressor contra ele mesmo.

"Usar a força é besteira. Além de certamente perder a disputa, a força que a mulher usasse machucaria mais a si mesma que ao agressor", afirmou C.C., professor de artes marciais da academia Bio Ritmo.

Assim, a técnica é mais indicada para as mulheres, independentemente da forma física e da familiaridade com artes marciais.

Os atuais índices de violência urbana – **foram registrados no Estado de São Paulo, no ano passado, 4.928 estupros, 117.673 furtos de veículos e 292.841 delitos com lesões corporais** – motivaram algumas academias de São Paulo a oferecerem essas aulas.

> Dica: Comece com *"registraram-se..."*

O curso de defesa pessoal, portanto, não ensina apenas contragolpes, mas também a teoria e a análise das situações.

> Dica: Comece com *"No curso de defesa pessoal..."*

Na parte teórica, são propostos exercícios de raciocínio e ensinados quais são os tipos de agressão e as abordagens mais comuns. Não parar na faixa esquerda nos cruzamentos e não reagir em assaltos que envolvam somente furto de bens materiais são algumas das dicas que compõem a teoria do curso.

A parte preventiva ensina a patologia do agressor, como controlar emoções e a análise sistemática da situação. [...]

"Reagir ou não depende da situação: armas, assédios, agressão física", disse Cavallini.

Nas aulas práticas, são ensinados os golpes que permitem a saída de qualquer ataque ou a imobilização, golpeando o agressor em locais onde não existe músculo, ou em pontos sensíveis, como olhos, garganta, virilha.

(*Folha de S. Paulo*, 13.5.2000)

10. Os ajustes gramaticais necessários para "passar" uma oração da voz ativa para a voz passiva e vice-versa são bem conhecidos. Entretanto, no interior de um texto, a conversão pode ser dificultada por fatores de vários tipos. No texto abaixo, tente converter as orações passivas em ativas, sem prejudicar a legibilidade do texto. Quando não for possível, explique os problemas encontrados.

Soja primitiva faz samba na França

Bruno Blecher
Editor do Agrofolha

Em clima de carnaval, chegou ontem ao porto de Saint Nazaire, na França, parte das 180 mil t de soja não-transgênica brasileira, **adquirida pela rede de supermercados Carrefour** de produtores de Goiás. **O carregamento foi recebido com samba pelos ativistas do Greenpeace.**

Sugestão: use uma oração adjetiva

conversão normal

Os grãos serão transformados em ração, destinada a abastecer os criadores franceses que fornecem aves e suínos às lojas da rede na Europa. A intenção do Carrefour é garantir aos seus clientes que as carnes vendidas em suas lojas não contenham nenhum ingrediente de organismos geneticamente modificados.

?

Diante da pressão cada vez maior de grupos ecológicos e dos próprios consumidores, grandes supermercados da França e do Reino Unido estão banindo de suas prateleiras toda a comida produzida a partir de **organismos geneticamente modificados**.

?

A rejeição dos europeus aos alimentos transgênicos favorece o Brasil, segundo maior produtor de soja do mundo e único grande exportador ainda livre das **variedades modificadas geneticamente.**

Sugestão: use uma oração com "embora"

Por aqui, apesar de **aprovada desde 98 pela Comissão Técnica** Nacional de Biossegurança, **a soja transgênica ainda não foi liberada pela Justiça** para plantio comercial

conversão normal

(*Folha de S. Paulo*, maio de 2000)

Perguntas e respostas

Objetivo

Ampliar o domínio sobre o mecanismo verbal da pergunta-resposta, explorando aspectos estruturais, pragmáticos e conversacionais desse mecanismo.

Caracterização geral

Formular corretamente uma pergunta e responder adequadamente a uma pergunta feita, são operações complexas, que envolvem:
✓ o domínio de aspectos específicos da estrutura da língua;
✓ um controle adequado da relevância das perguntas e respostas;
✓ o respeito a certas regras conversacionais que dizem respeito a possíveis maneiras de pedir a palavra e solicitar informação.

Material lingüístico

Existem em português dois tipos de perguntas: localizadas e polares.
✓ No caso das perguntas **localizadas**, fornecemos ao nosso interlocutor uma relato "incompleto" dos fatos, e solicitamos que ele o complete, fornecendo nomes que preencham as lacunas, dando origem a uma história verdadeira. Por exemplo, se perguntarmos ao nosso interlocutor:
Quem quebrou a vidraça?
estaremos dando a informação de que alguém quebrou a vidraça, e estaremos pedindo que ele identifique esse alguém.
Os principais instrumentos lingüísticos das perguntas polares são as chamadas "palavras interrogativas", algumas das quais começam pelas letras *qu*: *quando, quem, qual... onde, por quê, como.*

✓ No caso das perguntas **polares**, fornecemos a nosso interlocutor um relato completo dos fatos, e solicitamos que ele o caracterize como verdadeiro ou falso. Assim, se perguntarmos:

O comércio abre este domingo?

estaremos propondo ao nosso interlocutor que escolha entre uma resposta <u>sim</u>, que caracteriza o conteúdo da pergunta como verdadeiro, e uma resposta <u>não</u> que o caracteriza como falso.

O principal instrumento lingüístico das perguntas polares é o tom interrogativo, que a escrita representa precariamente com o ponto de interrogação.

Perguntas diretas e indiretas: Além de formular nossas perguntas <u>diretamente</u> (isto é, usando os recursos acima descritos) formulamos às vezes nossas perguntas <u>indiretamente</u>, recorrendo a verbos que contêm a idéia de perguntar:

— <u>Gostaria de saber</u> quem quebrou a vidraça.
— <u>Estou perguntando</u> quem quebrou a vidraça.
— <u>Vou procurar saber</u> se o comércio abre este domingo.
— <u>Estou perguntando</u> se o comércio abre este domingo.

Às vezes, uma pergunta esconde outra. Outras vezes, uma pergunta é uma maneira polida de fazer um pedido:

— O senhor tem horas?
— Tenho.
— O senhor tem horas?
— São dez e quarenta.
— O senhor tem uma caneta?
— Tenho.
— O senhor tem uma caneta?
— Pois não, use esta.

Uma pergunta e sua resposta costumam ter um certo número de elementos em comum: assim, no diálogo abaixo:

— A que horas vai ser a festa de aniversário do Eric?
— A festa de aniversário do Eric vai ser <u>às quatro.</u>
tanto a pergunta como a resposta informam que está prevista uma festa de aniversário para o Eric, e que a festa tem hora certa para acontecer.

Fazer perguntas é uma arte, e às vezes é um problema de etiqueta. Muitas vezes, as perguntas chocam (irritam, indispõem) os interlocutores não pelo assunto de que tratam, mas pela maneira como são feitas. Imagine-se, por exemplo, que durante uma cerimônia de casamento, no momento em que os noivos vão pronunciar o "sim", um dos convidados resolve perguntar ao padre "O senhor tem um alicate no seu carro?" A pergunta é lingüisticamente perfeita, mas socialmente é um vexame.

Atividade

No tempo em que os homens iam cortar a barba na barbearia, o fim do corte costumava ser anunciado por esta pergunta do barbeiro: "*Álcool ou talco?*" Se a cena se passasse em Tatuí" ou Piracicaba, a pergunta era feita, evidentemente, com a pronúncia local: "*aRco ou taRco?*" Dizem que numa dessas duas cidades, nos anos 60, alguém respondeu "VeRva!" (Acqua Velvaâ, a loção pós-barba recém-lançada pela firma Bozano). Além de ser uma boa história sobre o chamado "R caipira", esta história é também um bom exemplo de como as pessoas, colocadas diante de uma aRternativa (ops, alternativa, que quer dizer dois) se saem dela descobrindo uma terceira possibilidade, não prevista pela pergunta. Conte uma história em que alguém, colocado "entre a cruz e a caldeirinha" achou uma terceira possibilidade, o que os antigos chamavam de *tertius* e às vezes nós chamamos de "sair pela tangente".

Exercícios

1. Imagine uma única pergunta que poderia receber todas estas respostas:

Porque o trânsito estava muito congestionado, e eu fiquei preso(a) duas horas num engarrafamento.

É que o metrô não funcionou hoje de manhã.

Porque ontem fui a uma festa e dormi muito tarde.

Porque meu irmão precisou ser levado ao hospital durante a madrugada.

Porque ontem fiquei na firma até tarde, e o senhor me autorizou a compensar as horas hoje de manhã.

Porque fui convocado pela justiça para depor no caso dos precatórios.

2. Exclua, dentre as respostas, aquela que não é relevante para a pergunta:
Pergunta: Quando morreram os Mamonas Assassinas?
Respostas possíveis:

depois de um show;

quando voltavam para São Paulo;

logo depois do sucesso da música "Brasília Amarela";

quando o avião deles bateu no Pico do Jaraguá;

porque a companhia de táxi aéreo não fazia manutenção de seus aviões.

3. Escolha uma notícia de jornal relatando um fato ocorrido recentemente. Transforme essa notícia numa entrevista, imaginando que você é o entrevistador, e o jornalista (ou uma das personagens da notícia) o entrevistado.

4. A idéia de pergunta está presente numa série de outras palavras, além, evidentemente, do próprio *perguntar*. Explique, informalmente, que relação você vê entre a idéia de pergunta e as idéias de:

- curiosidade;
- pesquisa;
- dúvida;
- inspeção;
- perícia;
- jogar o verde para colher o maduro;
- interrogatório.

5. O que há de engraçado nestes diálogos?

GATÃO DE MEIA-IDADE/*Miguel Paiva*

Recruta Zero

Mort Walker

Transforme os diálogos abaixo, dando-lhes forma de tira.

A — O senhor podia me passar o sal?
B — *Podia*.

(ao telefone)
A — *Com quem estou falando?*
B — *Comigo*.

(ao telefone)
A — *O que é que você está fazendo neste momento?*
B — *Estou atendendo o telefone.*

A — *Olá, de casa. Tem alguém aí?*
B — *Não, não tem ninguém.*

6. As pessoas têm às vezes dificuldades em responder a perguntas cuja resposta é uma definição; é comum nesse caso que as pessoas respondam dando um exemplo, começando a resposta com um desastrado é quando. (O que é hemorragia? — É quando a pessoa perde sangue). Responda às perguntas que seguem, mediante uma definição.

a) O que é estelionato?
b) O que é glaucoma?
c) O que é liberdade condicional?
d) O que é terceirização?
e) O que é morte cerebral?
f) O que é perda do pátrio poder?
g) O que é caduquice?
h) O que é *habeas corpus*?

7. Fazer a pergunta certa na hora certa é, às vezes, mais difícil do que achar uma boa resposta. Essa é a dificuldade do cientista da história abaixo. Leia a história e tente resolver o problema:

Um antropólogo desembarca numa ilha, com projetos de pesquisa. Na ilha, moram duas tribos: na primeira, a tribo A, as pessoas sempre mentem, são traiçoeiras, e tentam atrair os estrangeiros para matá-los. Na segunda, a tribo B, as pessoas são amigáveis e sempre dizem a verdade. Evidentemente, o antropólogo quer chegar com segurança à tribo B.
Da praia, sai um caminho que, em determinado ponto bifurca. O antropólogo sabe que cada um dos caminhos da bifurcação leva a uma aldeia, mas não sabe qual. Na bifurcação, ele encontra um indígena, e resolve pedir informações, mas há dois problemas: 1) ele não sabe se o indígena encontrado na bifurcação pertence à tribo A ou B; 2) os índios daquela ilha só respondem a uma pergunta a cada dez anos, e não há ninguém mais por perto.
O antropólogo faz uma única pergunta e chega com segurança à aldeia que procura. Qual é a pergunta?

8. Explique com suas palavras a diferença que há entre as frases (1) e (2); para melhor esclarecer o que significam, use-as como parte de duas breves histórias:
— A polícia prometeu informar se o carro foi encontrado.
— A polícia prometeu informar se o carro for encontrado.

9. O trecho que segue faz parte de uma entrevista do projeto de estudo da Norma
Urbana Lingüística Culta (NURC). Nessa entrevista, um documentador pede a um
informante já idoso que evoque aspectos de sua infância, vivida numa fazenda. A
partir da quarta linha, foram apagadas as indicações sobre quem está falando. Procure restabelecer essas indicações.

Informante é ... agora o arroz se plantava as baixadas... que tinha mais água...
e o::... feijão não me lembro de lugar especial para plantar
Documentador lembra da colheita de um e de outro como é que se faz?
eu não me lembro como se colhia::...feijão não me lembro de nada... agora o
arroz... também não me lembro como era colhido... o que me lembro é que era
preciso... depois de colhido... ah co/colocar o arroz e bater o arroz... para so/
soltar da casca... e també... é a:: fica uma... aquilo que chama palha de arroz
uhn uhn.... e como é que se separa uma coisa da outra? costumava-se até bater
mesmo no arroz com: PAU
até... e e isso era feito manualmente?
manualmente... tudo manual
num lugar... eh especial?
não podia ser não precisava ser um lugar grande também... porque empilhava-
se e ia-se batendo e depois separando...
uhn uhn...e:: e o arroz...
depois de de de de colhido assim... coimo é que se guardava?
também tudo em saco
ele passava por algum processo de industrialização não?
não não passava era vendido assim? era vendido assim mesmo
e a casca dele... ahn... sei lá casquinha que fica ainda... ahn se vendia assim ou...
ou já se entregava de uma numa outra condição
não me lembro bem, viu? como era viu? ...porque ne/nessa época...
quando...vamos dizer eu era criança não tinha muito interesse em:: negócio
né?
uhn uhn
então não me lembro bem como era vendido o arroz..
sei
mesmo porque a maior parte do arroz era para consumo...
ah sim eu até acho que... não se vendia arroz propriamente
que tipo de arroz se plantava lá?...lembra ou não?
também não lembro viu? que tipo de arroz o senhor consome?...
((riu)) também não sabe é solteiro né
((risos))
não sei... é
a a administração do lar não chegou ( )
não

10. No trecho anterior, todos os pontos de interrogação indicam tom interrogativo, mas o tom interrogativo está às vezes associado a frases que não são propriamente perguntas. Procure esclarecer qual é, nesse diálogo, a função das partículas "né?", "não?" e "viu?"

Quantificadores

Objetivo

Caracterizar, intuitivamente, o processo da quantificação, como um meio de entender uma das principais funções dos pronomes indefinidos, dos numerais, dos artigos e de certos tempos do verbo.

Caracterização geral

Em sentenças como:
(1) Todos os corintianos são fanáticos.
(2) Há um livro sobre a mesa.
as palavras grifadas exercem um papel de quantificação, isto é, traçam limites à aplicação das propriedades expressas pelas demais palavras.

Duas linhas de explicação foram propostas historicamente para os quantificadores: para a primeira dessas linhas, um quantificador informa sobre o tipo de interseção que existe entre o conjunto de indivíduos delimitado pelo sujeito e o conjunto de indivíduos delimitado pelo predicado. Assim, a palavra todos em (1) nos diz que, dados o conjunto dos corintianos e o conjunto das pessoas fanáticas, não encontraremos nenhum corintiano que não seja, ao mesmo tempo fanático (ou seja, na representação que segue, onde o círculo à esquerda representa os corintianos, e o círculo à direita representa os fanáticos, o espaço A resulta vazio).

Pela segunda linha de explicação, entende-se um quantificador como uma informação sobre a aplicação de um predicado: a mesma sentença seria interpretada como uma informação de que a propriedade "se é corinthiano é fanático" tem aplicação universal. Por sua vez, a sentença (2) seria interpretada como significando que há exatamente um objeto que realiza a propriedade (complexa) de ser livro e estar sobre a mesa.

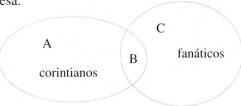

Material lingüístico

Entre as palavras que funcionam como quantificadores estão:
✓ os assim chamados "pronomes indefinidos": todos, alguns, vários etc.;
✓ os numerais cardinais;
✓ os artigos, definidos e indefinidos;
✓ aguns tempos do verbo.

Alguns quantificadores são exatos, como é o caso de todos, pelo menos um, exatamente um ...; outros são vagos, como é o caso de poucos e muitos.

A interação dos quantificadores entre si, com a negação e com o plural, dá origem a ambigüidades de um tipo particular, conhecidas como "ambigüidades de escopo".

Atividade

Uma das mais belas definições do humanismo é uma frase que aparece numa fala de uma comédia do escritor latino Terêncio:
"Sou humano, tudo que é humano me diz respeito."
Como você entende essa frase? Você acha que ela perde em força, pelo fato de que, na comédia em questão, ela é pronunciada por um escravo?

Exercícios

1. Construa uma representação que se aplique às frases abaixo, utilizando como modelo a representação gráfica que foi dada para a frase "Todo corintiano é fanático", na primeira parte deste capítulo.
   Alguns maranhenses se chamam Ribamar.
   Todo brasileiro maior de idade pode ser eleito para a Câmara.
   Todo cidadão com formação universitária tem direito a prisão especial.
   Um único candidato tirou a nota máxima.

2. A idéia de generalização está presente em vários pronomes indefinidos do português: todos, cada, qualquer, ninguém... Entretanto essas palavras não são exatamente sinônimas. Que diferenças você percebe entre as duas sentenças de cada par?
   a) Ele deixou uma casa para a mulher e uma fazenda para todos os filhos/Ele deixou uma casa para a mulher, e uma fazenda para cada filho.
   b) Todos os médicos vão confirmar que o caso é grave/qualquer médico vai confirmar que o caso é grave.

c) Todas as seções foram visitadas num dia/Cada seção foi visitada num dia.

d) Ele conversa com todo mundo/ele conversa com qualquer um.

3. Os quantificadores muitos e poucos são vagos, isto é, não trazem uma informação numérica exata. Pense numa classe de 40 alunos, de uma escola pública, de ensino médio e de periferia. O que significam, para você, em termos numéricos, as seguintes afirmações:

a) Muitos alunos desta classe estudam computação em alguma escola particular.

b) Muitos alunos desta classe já viajaram para a Disneylândia.

c) Muitos alunos desta classe trabalham pelo menos um período.

d) Há muitos alunos nesta classe cujos pais são analfabetos.

e) Muitos alunos desta classe já "navegam" há alguns anos pela Internet.

f) Muitos alunos nesta classe já consumiram drogas.

O que significariam, em termos numéricos, as mesmas afirmações, se fossem referidas a uma classe de uma escola particular de classe alta?

4. O jornal *Folha de S. Paulo* de 16 de abril de 2000 publicou na coluna de Elio Gaspari o texto "O branco tem a marca de Naná" (a Naná do título aludia a uma personagem negra de uma novela da Rede Globo):

> Cinco pesquisadores da UFMG qualificaram uma parte do processo de miscigenação da população brasileira. São Sérgio Pena, Denise Carvalho-Silva, Juliana Alves-Silva, Vânia Prado e Fabrício Santos.
>
> A partir do exame de DNA de uma amostra de 200 homens e mulheres brancos de regiões e origens sociais diversas demonstraram que, [...] de cada cem pessoas brancas, só 39 têm apenas linhagem exclusivamente européia. As demais têm a marca da miscigenação (33% de índios e 28% de africanos – a predominância da marca indígena deve-se ao fato de que por mais de um século a miscigenação deu-se sem a presença negra). Há mais gente com um pé na cozinha do que com os dois na sala.
>
> As revelações da pesquisa vão adiante:
>
> Só uma em cada dez pessoas brancas têm no seu código genético a marca de um ascendente homem negro ou índio.
>
> Seis em cada dez brasileiros têm a marca de uma ascendente mulher negra ou índia.
>
> Pode-se estimar que 45 milhões de brasileiros têm uma índia em sua ascendência. São 40 milhões os que têm uma negra.
>
> É a comprovação científica daquilo que Gilberto Freyre formulou em termos sociológicos. A miscigenação deu-se sobretudo pela relação de homens brancos com mulheres negras ou índias...

Esse texto, no qual não se fala de nenhuma personagem em particular, estabelece para quantos indivíduos do universo de discurso considerado (a população brasileira), valem alguns predicados que caracterizam as situações de miscigenação consideradas. Releia o texto, e complete a tabela

Predicado	Quantificação	
	percentual	absoluta
... tem linhagem exclusivamente européia ... tem algum antepassado índio ... têm algum antepassado africano ... tem entre seus ascendentes um homem negro ou índio ... têm entre seus ascendentes uma mulher índia ... têm entre seus ascendentes uma mulher negra		

5. A palavra pouco encerra uma avaliação que também pode ser expressa, de outra maneira, pelo advérbio só: só cinco pessoas que eu conheço foram assaltadas = cinco pessoas que eu conheço foram assaltadas, e isso é pouco. O mesmo se pode dizer de muito, que às vezes equivale a nada menos que. Imagine que você lê ou ouve as frases a seguir:

- O IPTU só subiu 80% do ano passado para cá.
- Nada menos que 30% dos crimes cometidos contra a pessoa são solucionados neste estado.
- Só 45 pessoas morreram nas estradas, no último feriadão.
- Só 30% dos brasileiros são analfabetos funcionais, segundo o último censo.
- Só 400.000 novos carros foram emplacados na grande São Paulo, no último ano.
- Só dois esportistas brasileiros tiveram uma fama mais duradoura no exterior.
- Nada menos que dez pessoas morreram de dengue na cidade.
- Nada menos que vinte pessoas se inscreveram no concurso para fiscal da prefeitura.

Utilizando apenas seu senso do certo e do errado, quais dessas afirmações mereceriam uma resposta do tipo "E você acha pouco?" ou "E você acha muito?". Compare suas opiniões com as de seus colegas de classe.

6. Diga por que não é a mesma coisa (se for preciso, traduza os quantificadores em números hipotéticos):
- a) Um único candidato foi votado por muitos eleitores./Muitos eleitores votaram em um único candidato.
- b) Poucas pessoas falam muitas línguas./Poucas línguas são faladas por muitas pessoas.

c) Todo aluno desta escola pratica um esporte./Um esporte é praticado por todos os alunos desta escola.

d) Uma garota já saiu com todos os rapazes do bairro./Todos os rapazes do bairro já saíram com uma garota.

e) Todos os restaurantes da cidade descumprem as normas de segurança./Nem todos os restaurantes da cidade cumprem as normas de segurança.

f) Mais de cem turistas que compraram o pacote especial não foram alojados em hotéis de primeira classe./Não mais de cem turistas que compraram o pacote especial foram alojados em hotéis de primeira classe.

7. Interpretados obrigatoriamente por referência a todo um universo de discurso, os quantificadores são usados com alguma freqüência para formular leis, máximas e princípios gerais. Os exemplos que seguem são frases que condensam um programa político ou o balanço de uma situação. Tente descobrir seus autores, e reconstitua a situação em que foram lançadas.

a) Tudo para os amigos; para os inimigos, a lei.

b) Tudo pelo social.

c) Morrer, se preciso for, matar, nunca.

d) Tortura, nunca mais.

e) Tudo em perfeita ordem, senhora marquesa.

f) Esqueçam tudo o que escrevi.

g) Alguém pode enganar todo mundo por algum tempo. Ninguém pode enganar todo mundo o tempo todo.

8. Alguns ditados expressam generalizações por meio de quantificadores. Verifique se, entre os provérbios que seguem há dois ou mais que expressam "a mesma mensagem".

a) Nem tudo aquilo que reluz é ouro.

b) Não há bem que para sempre dure nem mal que nunca se acabe.

c) Cada louco com sua mania.

d) Cada cabeça uma opinião.

e) Um rei nunca perde a majestade.

f) Uma (só) andorinha não faz verão.

g) Cada macaco no seu galho.

h) Cada um sabe a dor e a delícia de ser ele mesmo.

9. Além de quantificar sobre objetos, a língua permite quantificar sobre acontecimentos. Diga, a propósito das frases abaixo, se o fato indicado pelo verbo acontece uma ou mais vezes (os textos foram extraídos de algumas músicas populares famosas):

E quando me via contrariado,
dizia "Meu filho, que se há de fazer"?
("Amélia", Mário Lago)

Quando o carteiro chegou,
e o meu nome gritou
com uma carta na mão
Ante surpresa tão rude,
 nem sei como pude
chegar ao portão
("Mensagem")

Quando a lama virou pedra,
 e o mandacaru secou
("Paraíba Masculina" - Luiz Gonzaga)

Quando eu vim para este mundo,
eu não atinava em nada
Hoje eu sou Gabriela,
Gabriela eh, meu camarada
("Gabriela", Tom Jobim)

Quando você foi embora,
fez-se noite em meu viver
("Travessia", Milton Nascimento)

A vizinha quando passa
com seu vestido grená
Todo mundo diz que ela é boa,
 mas como a vizinha não há,
ela mexe c'as cadeiras pra cá,
ela mexe c'as cadeiras pra lá
Ela mexe c'o juízo
do homem que vai trabalhá
("A vizinha do lado", Dorival Caymmi)

Quando você requebrar,
caia por cima de mim,
caia por cima de mim,
caia por cima de mim...
("O que é que a baiana tem", Dorival Caymmi)

Ai, se ela soubesse
que quando ela passa
O mundo inteirinho
se enche de graça
e fica mais lindo
por causa do amor
("Garota de Ipanema", Vinicius de Moraes e Tom Jobim)

Quando eu morrer,
não quero choro nem vela,
só quero uma fita amarela,
gravada com o nome dela
("Fita amarela", Noel Rosa)

10. Em sua edição de 22 de fevereiro de 2000, numa página intitulada "Férias sem problemas", o *Jornal de Jundiaí* publicou uma série de recomendações destinadas a turistas em viagem ao exterior. Algumas dessas recomendações foram transcritas abaixo, com ligeiras modificações:

a) Antes de embarcar, leia tudo sobre os lugares que vai visitar, especialmente sobre costumes, saúde, leis e riscos.

b) Deixe em casa todos os detalhes possíveis sobre seu roteiro: no caso de você precisar ser encontrado com urgência, será muito mais fácil.

c) Tenha todos os documentos em ordem antes de partir, e leve sempre consigo um seguro médico com validade internacional.

d) Evite tomar sorvetes ou derivados de leite sem marca, assim como carne crua ou alimentos crus ou mal cozidos, especialmente em países quentes.

e) Troque seu dinheiro apenas nas agências do Banco do Brasil – a taxa é normalmente melhor.

f) Todos querem preservar as belezas naturais do mundo; sendo assim, evite deixar lixo atrás de você.

g) Use somente roupas que não ofendam os costumes locais.

h) Há alguns países em que tirar uma simples fotografia não é um gesto inocente: informe-se.

i) Evite comprar objetos feitos de material vindo de espécies em extinção (como o marfim). Você poderá ter sérios problemas com a alfândega.

Essas recomendações, mesmo quando se destinam a desestimular comportamentos que poderiam trazer dissabores ao turista, evitaram o uso da palavra não. Reescreva-as, começando com essa palavra:
Antes de embarcar, não deixe de...

Referência

Objetivo

Praticar alguns dos mecanismos lingüísticos permite realizar atos de referência.

Caracterização geral

Entende-se por referência a operação lingüística por meio da qual selecionamos, no mundo que nos cerca, um ou mais objetos (isto é, pessoas, coisas, acontecimentos) específicos, tomando-os como assunto de nossas falas.

Material lingüístico

Em muitas operações de referência bem-sucedida intervêm, tipicamente:
✓ uma multiplicação de classes, por meio da qual "cercamos" o objeto visado enumerando suas características;
✓ uma operação de dêixis, por meio da qual "localizamos" o objeto em questão em relação a um sistema de coordenadas que o interlocutor compartilha.
Tome-se como exemplo a frase:
Este carro batido que todos param para olhar, com risco de novo acidente, está no meio da rua desde as quatro.

Usada em condições normais, permite identificar no campo visual próximo aos interlocutores um objeto para o qual valem simultaneamente as propriedades de ser um carro, ter sofrido uma batida e ser um perigo de novos acidentes. Nesse exemplo, os recursos lingüísticos utilizados para localizar o objeto num sistema de coordenadas são o demonstrativo este e o artigo definido a, que funcionam como dêiticos; as propriedades do objeto de que se quer falar são expressas pelo substantivo comum carro, pelo adjetivo/particípio passado batido e pela oração adjetiva restritiva que todos param para olhar, com risco de novo acidente.

✓ As palavras mais utilizadas para indicar propriedades que contribuem para uma operação de referência são os nomes comuns, os adjetivos e as orações adjetivas restritivas. As palavras mais utilizadas para localizar objetos num sistema de coordenadas são os artigos e os demonstrativos. Geralmente o sistema de coordenadas usado é a dêixis (ver capítulo "Deixis e Anáfora").

Os nomes próprios e os pronomes, em alguns de seus usos, também realizam operações de referência, embora não informem as propriedades dos objetos a que se aplicam:

Dom Pedro II usava barba.
Eu não entendo aonde você quer chegar.

Atividade

Publicado antes do Carnaval de 2000 em todas as revistas de grande circulação, este cartum visava a orientar a população no sentido de praticar sexo seguro, lembrando que, na multidão que brinca alegremente o carnaval, algumas pessoas podem estar contaminadas pelo HIV, embora não saibamos quais. Imagine, porém, que você está olhando essa página com um outro interesse: você a viu numa revista que assina, a achou engraçada e, ao olhar mais atentamente, achou que uma das personagens se parece com um amigo (uma amiga) que mora do outro lado da cidade, e que assina a mesma revista. Você telefona para seu amigo, manda que ele abra a revista na mesma página, e procura explicar a ele "onde foi que você o viu". Escreva o diálogo, que só pode terminar quando ambos tiverem certeza de estar falando da mesma personagem do desenho.

Exercícios

1. Você é o responsável pelo almoxarifado de uma loja de materiais de construção que vende, entre outras coisas, telhas onduladas de cimento amianto. Pelo telefone, a loja atende potenciais clientes e informa sobre disponibilidade de estoque e preços. Você acaba de receber a seguinte consulta de um cliente:
— Vocês têm telhas onduladas de 6 mm, com comprimento de dois metros e quarenta e quatro? Eu precisaria de vinte telhas.

Você consulta o computador da firma e encontra o seguinte espelho:

Telhas Onduladas Eternit – *Qualidade lá em cima*

Ondulada 6 mm

Comprimento (m)	Peso nominal (kg)	Estoque (nº de peças)	Preço unitário (R$)
1.220	16.300	–	
1.530	20.400	17	10,80
1.830	24.400	–	
2.130	28.400	–	
2.440	32.500	16	14,61
3.050	40.700	–	
3.660	48.800	–	

Ondulada 8 mm

Comprimento (m)	Peso nominal (kg)	Estoque (nº de peças)	Preço unitário (R$)
1.220	21.700	–	
1.530	27.200	103	1490
1.830	32.500	–	
2.130	37.900	–	
2.440	43.400	11	19,99
3.050	54.000	08	26,00
3.660	65.500	14	32,00

Que problema você tem pela frente, se quiser atender corretamente o cliente?

2. Alguns manuais de redação e estilo (por exemplo, o do jornal *O Estado de S. Paulo*) recomendam que, para destacar uma determinada pessoa do sexo feminino como aquela que realiza de maneira mais perfeita uma certa propriedade, entre outras pessoas com a mesma qualificação, se utilize a forma masculina:

Maria é o funcionário mais eficiente deste setor. Qual seria o inconveniente de dizer que *Maria é a funcionária mais eficiente deste setor?*

Suponha que os vereadores de sua cidade, na última eleição, tenham recebido estas votações:

Célia	2512
Hildo	1877
José Bolinha	721
Caraça	666
Maria Jovina	515
Conceição da Silva	513

Qual a diferença entre dizer que *Célia foi o vereador mais votado* e *Célia foi a vereadora mais votada?*

3. Chegou a época de pagar o IPVA de seu carro, e você procura informar-se sobre o valor do imposto consultando a tabela publicada num jornal de grande circulação. O seu carro é um Ford Fiesta L, a álcool, fabricado em 1997.

	Combustível	1999	1998	1997	1996
Escort demais modelos	Álcool/Gas./Eletricidade	353,85	320,46	286,59	260,52
Escort demais modelos	Utilitários	235,90	213,64	191,06	173,60
Fiesta 1.0	Gasolina/Outros	400,40	371,20	332,80	314,00
Fiesta 1.0	Álcool/Gas./Eletricidade	300,30	278,40	249,60	235,50
Fiesta CLX 16 v/CLX 16VD/GL Class	Gasolina/Outros	572,40	528,72	480,36	444,80
Fiesta CLX 16 v/CLX 16VD/GL Class	Álcool/Gas./Eletricidade	429,30	396,54	360,27	333,60
Fiesta CLX 16 v/CLX 16VD/GL Class	Utilitários	286,20	264,36	240,18	222,40
Fiesta GLX	Gasolina/Outros	660,40	601,12		
Fiesta GLX	Álcool/Gas./Eletricidade	495,30	450,84		
Fiesta GLX	Utilitários	330,20	300,56		
Fiesta demais modelos	Gasolina/Outros	484,16	451,12	405,44	379,92
Fiesta demais modelos	Álcool/Gas./Eletricidade	363,12	338,34	304,08	284,94
Fiesta demais modelos	Utilitários	242,08	225,56	202,72	189,96
Ka/KaGL	Gasolina/Outros	399,20	372,36	335,60	314,92
Ka/kaGL	Álcool/Gas./Eletricidade	229,40	279,27	251,70	236,19

Pergunta-se:
- Qual é o valor do imposto?
- Por que algumas casas estão em branco?

4. Observe esta notícia de jornal:

Produto troca de prateleira e vendas crescem

Em pesquisa realizada pela Universidade de São Paulo em três grandes supermercados da capital, ficou provado que expor <u>o produto</u> perto de outros gêneros com que combina é uma maneira de aumentar as vendas. Os exemplos mais impressionantes foram, nesse sentido, o carvão e o sal para churrasco: habitualmente, <u>o carvão para churrasco</u> é vendido junto aos <u>detergentes</u>, e <u>o sal para churrasco</u> junto aos demais temperos. Num dos supermercados que foram objeto de estudo, os pesquisadores da Universidade de São Paulo deslocaram <u>cem pacotes de carvão</u> e <u>cem pacotes de sal</u> para junto das gôndolas do açougue, e verificaram que esses pacotes foram vendidos num tempo 20% menor. Há uma explicação, diz João Paixão Neto, gerente da loja do Pão de Açúcar da Alameda Santos: <u>o supermercado</u> vende <u>a mesma carne</u>, <u>o mesmo sal</u> e <u>o mesmo carvão</u>; mas <u>o cliente</u> compra, em bloco, a idéia de um suculento churrasco, e com isso regateia menos.

Tente determinar quais, dentre os substantivos grifados, têm uma interpretação genérica e quais têm uma interpretação específica / referencial.

5. As vinhetas que seguem apresentam personagens célebres, que foram importantes na história da humanidade. Procure dizer quem foram essas personagens. Em seguida, explique como você chegou a identificá-las.

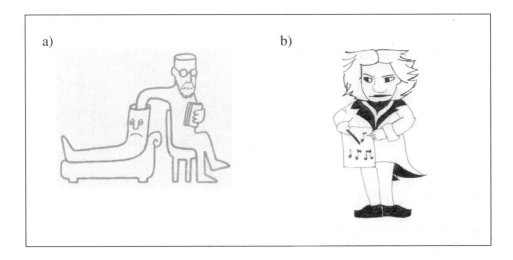

a)   b)

c)

d)

e)

6. Ao completar 15 anos, a revista *O Mecânico* publicou uma série de depoimentos de pessoas e entidades da indústria automobilística, em que se ressaltava o papel educativo que ela vem exercendo. Em todos esses depoimentos, ocorre a expressão "o mecânico":

A revista é muito importante para a atualização do mecânico, que precisa se preparar para o novo mercado. (ARVEC-Curitiba)

Poucos veículos se preocupam com o elo da cadeia de reparação automotiva, que é o mecânico. Durante 15 anos, a revista "O Mecânico" tem sido um dos mais importantes instrumentos para esse profissional [...] A publicação desperta o interesse e induz o mecânico a se atualizar. (Luk Brasil Embreagens)

A revista "O Mecânico" entende a alma do mecânico. É o informativo que melhor expressa o sentimento e a necessidade do reparador, pela sua forma única de apresentar as informações, atendendo perfeitamente às expectativas do leitor. (SENAI-ES)

Nos últimos anos, o mecânico vem-se interessando cada vez mais em especializar-se. A nova geração busca conhecimento justamente em publicações bem elaboradas, como é o caso da revista "O Mecânico", que tem trazido informações atualizadas para a categoria. (SINREVAPS - São José do Rio Preto)

Alguma dessas ocorrências de "o mecânico" serve para singularizar um determinado indivíduo?

7. A tecnologia referente à identificação de pessoas, para fins de segurança, bancários e outros evoluiu muito nos últimos 100 anos: em pouco tempo, os aparelhos eletrodomésticos saberão reconhecer a voz do dono, e os caixas automáticos serão capazes de identificar os correntistas dos bancos pelo formato da íris. Um dos primeiros passos dessa história foi a descoberta de que as impressões digitais (além da letra e da assinatura) identificavam as pessoas. Veja como a imprensa reagiu à descoberta, na época; explique a qual dos dois processos que habitualmente intervêm na referência (multiplicação de classes/localização num sistema de coordenadas) se relaciona o uso de impressões digitais.

O systema Vucetich e o crime do Santissimo

Mais uma victoria acaba de obter o systema de identificação adoptado pela nossa policia, conseguindo pela comparação das fichas ao lado publicadas, identificar o cadaver do arabe Abrahão Calixto, morto no Santissimo em circumstancias ainda um tanto mysteriosas.

A primeira ficha foi tomada quando o morto de agora, fôra preso, há tempos, por motivo de uma desordem.

A segunda ficha foi tirada ao cadaver no Necroterio.

De sua comparação com as mais classificadas no gabinete de identificação resultou o reconhecimento do cadaver, o que de certo não se daria com todas as bertillonagens anteriormente adoptadas em tal serviço.

Isso vem mais uma vez por em destaque o valor do systema que nosso distincto colega de imprensa Felix Pacheco fez adoptar pela nossa policia, vencendo brilhantemente uma forte campanha contra sua adopção que cada vez se revela mais benemerita de applausos.

Nesta epoca em que cada agente da policia é um verdadeiro Sherlock Holmes e entretanto continuam impunes todos os grandes crimes commettidos no Rio de Janeiro, não é de mais que aqui façamos réclame a este excellentemente organisado ramo do serviço policial.

(O Careta, 1911)

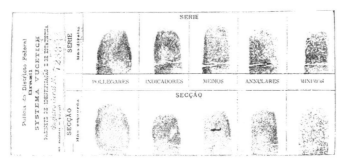

Individual dactyloscopica tomada no Cemiterio de Murundú, pela qual foi estabelecida a identidade da victima.

Individual dactyloscopica tomada no Gabinete em 1909.

8. Você ouviu o noticiário falar, repetidamente, de problemas que estão ocorrendo em Botsuana e decide descobrir onde fica esse país. Consultando o atlas, você encontra esta misteriosa orientação: procurar na página 141, em 230s 240E.

O que significa essa orientação? O que tem a ver com os dois processos que normalmente intervêm numa operação de referência (multiplicação de classes e localização num sistema de coordenadas)?

9. (Vestibular Unicamp 96) O Jornal da Imprensa de Goiás, de 10 a 16.9.95, dedicou ao jornalismo daquele estado um longo "Especial", do qual foi transcrita sem alterações a passagem a seguir:

> Hoje, apenas dois jornais diários existem em Goiás: O Popular e o Diário da Manhã. As redações são modernas, sendo que a informatização já chegou ao Diário da Manhã, e está anunciada para completa implantação em O Popular no máximo até dezembro. Os salários seguem pisos mínimos, contando-se nos dedos os jornalistas que contam com vencimentos, nas redações dos diários, à excessão [sic] dos editores, superiores a R$ 1000,00 por mês.

a) Nesse trecho, foi empregado duas vezes o verbo <u>contar</u>. Transcreva a única ocorrência em que <u>contar</u> dá idéia de número.

b) As duas ocorrências de <u>contar</u> diferem na construção e no sentido. Explique essas duas diferenças.

c) Considerando que, no diagrama a seguir:

– os círculos A, B, C e D identificam conjuntos de indivíduos que comparti-lham uma das seguintes propriedades: "**ser jornalista**", "**trabalhar numa redação de jornal**", "**ser editor**" e "**ganhar mais de mil reais**";

– a área preta identifica o tipo de profissional que, segundo o artigo do jornal é raro em Goiás, diga a que correspondem as letras A, B, C e D.

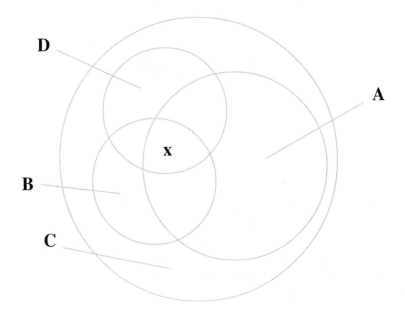

10. Nestes dois cartuns, chamam logo a atenção algumas semelhanças superfici-ais: há funcionários que pregam cartazes, e há um certo número de cartazes iguais. Mas os dois cartuns são engraçados por motivos diferentes.

a) Como você interpreta o cartum de Rodrigo Rosa? Qual é, nesse cartum, a atitude do colador de cartazes? O que é que isso ensina sobre a maneira como o povo lida com a política?

b) Como você interpreta o cartum de Laerte? Por que a preocupação de pregar o cartaz certo no lugar certo é hilariante? O que isso tem a ver com referência?

Tipos de relações

Objetivo

Apontar alguns dos mecanismos gramaticais de que a língua se serve para expressar relação; apontar algumas das propriedades lógicas que caracterizam as relações, e que se associam a diferenças lingüísticas.

Caracterização geral

Há uma relação toda vez que colocamos em correspondência indivíduos de um conjunto de partida e de um conjunto de chegada, evocando os conhecidos diagramas da teoria dos conjuntos:

Material lingüístico

✓ As palavras que indicam relação são mais tipicamente os verbos transitivos, mas podem ser também verbos intransitivos seguidos de um complemento, preposições acompanhadas de determinados verbos, substantivos etc.

Pixinguinha compos "Carinhoso".

João ama Teresa.

João é pai de André.

A loja do avô ficava na praça principal da cidade.

✔ Um mecanismo de que a língua se serve para criar relações a partir de propriedades é a comparação:

Pedro é alto (alto exprime uma propriedade de Pedro).

João é mais alto que Pedro (mais alto exprime uma relação que vale para João e Pedro, nessa ordem).

João tem a mesma altura que Pedro.

✔ Notem-se os seguintes fatos:

Pedro é mais alto que André.	Pedro gosta de André.
André é mais alto que José.	André gosta de José.
Pedro é mais alto que José.	Pedro gosta de José.

No primeiro caso, mas não no segundo, a relação se transfere: "ser mais alto que" é uma relação <u>transitiva</u>; "gostar de" não é.

✔ Notem-se os seguintes fatos:

Pedro é irmão de André.	Pedro é o chefe de André.
André é irmão de Pedro.	André é o chefe de Pedro.

No primeiro caso, mas não no segundo, a relação se inverte: "ser irmão de" é uma relação simétrica; "ser o chefe de" não é.

✔ Notem-se os seguintes fatos:

Pedro é parecido com ele mesmo.   Pedro é mais velho que ele mesmo.

A primeira sentença é necessariamente verdadeira, a segunda é necessariamente falsa; "ser parecido com" aceita que os dois espaços da relação sejam ocupados pelo mesmo indivíduo; "ser mais velho que" não aceita. Por isso diz-se que "ser parecido com" é uma relação reflexiva; "ser diferente de" não é.

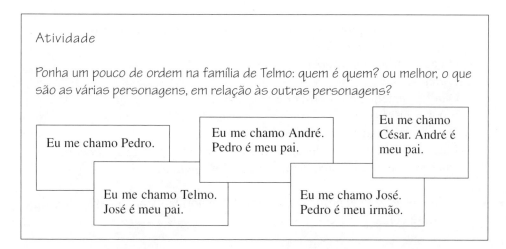

Atividade

Ponha um pouco de ordem na família de Telmo: quem é quem? ou melhor, o que são as várias personagens, em relação às outras personagens?

Eu me chamo Pedro.

Eu me chamo André. Pedro é meu pai.

Eu me chamo César. André é meu pai.

Eu me chamo Telmo. José é meu pai.

Eu me chamo José. Pedro é meu irmão.

Complete:

(a) José é .... de Telmo
(b) Telmo é .... de José
(c) Pedro é .... de José e tio de ....
(d) Telmo é .... de Pedro

Exercícios

1. As duas personagens da anedota que seguem entendem de maneira diferente a relação "... casar-se com...". Explique em que consiste a diferença.

Adolfo e Berenice foram amantes quase a vida inteira. Fazia mais de trinta anos que estavam amigados. Estão os dois de noite assistindo televisão quando em uma cena de novela aparece uma cerimônia de casamento: noiva, padrinhos, marcha nupcial, etc. Emocionada, ela olha para Adolfo e diz:
— Olha, meu amor! Que coisa linda que é o casamento... Puxa vida, bem que a gente podia se casar, né?
— Xiii... nestas alturas da vida, quem é que vai querer a gente?

2. Quem matou quem?
Faça dez frases (verdadeiras) do tipo "Caim matou Abel", "Chapman matou John Lennon", mantendo o verbo matar, e mudando as personagens.
Quem inventou o quê?
Faça dez frases (verdadeiras) do tipo "Santos Dumont inventou o avião", "Fleming inventou a penicilina", mantendo o verbo inventar, e mudando as personagens e as invenções.

3. Explique com suas próprias palavras, e se possível dê um exemplo
—O que significa *suicídio*?
—O que significa *auto-retrato*?
—E *auto-estima*?
—O que se entende por transporte *interurbano*?
—E por comércio *internacional*?
—Quando se diz que uma pessoa é *egoísta*?
—Em que condições se pode dizer que uma empresa pratica a *autogestão*?
—Qual é o princípio básico da medicina *homeopática*?

4. Quando uma oração exprime ação recíproca, é normalmente possível construir uma paráfrase com "... e vice-versa".

Ex.: Antônio Carlos Magalhães e Waldir Pires foram adversários políticos.
= Antônio Carlos Magalhães foi adversário político de Waldir Pires, e vice-versa.

Escreva uma paráfrase desse tipo para as orações abaixo, sempre que possível:

■ Batman forma com Robin uma das mais célebres duplas das histórias em quadrinhos.

■ Nas histórias do Super Homem Lois Lane é a garota de Clark Kent .

■ O presidente Floriano sucedeu ao presidente Deodoro, no tempo da República Velha.

■ Sônia Braga fez par com Armando Bogus na primeira versão televisionada da novela *Gabriela*.

■ No romance e na novela, Gabriela trabalha como cozinheira para Nacib, o proprietário do Bar Vesúvio.

■ O Brasil disputou a final com a Suécia no campeonato mundial de futebol de 1958.

■ O Brasil venceu a Suécia no campeonato mundial de futebol de 1958.

■ O Boeing 330/200 utiliza o mesmo tipo de turbinas que o Boeing 330/300.

5. Certamente você conhece o célebre poema "Quadrilha", de Carlos Drummond de Andrade. Utilizando as informações dadas pelo poema, e aproveitando as duas listas de nomes, construa um diagrama de Euler para o verbo *amar*. (Obs. basta acrescentar as setas, entendendo que o primeiro conjunto representa quem ama, e o segundo, quem é amado.)

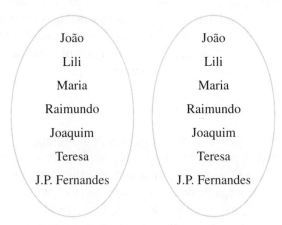

Quadrilha

João amava Teresa que amava Raimundo que amava Maria que amava Joaquim que amava Lili que não amava ninguém. João foi para os Estados Unidos, Teresa para o convento, Raimundo morreu de desastre, Maria ficou para tia, Joaquim suicidou-se e Lili casou com J. Pinto Fernandes que não tinha entrado na história.

6. A propósito, qual seria, de acordo com o poema "Quadrilha", o diagrama de Euler para "casar"?

7. Tire as conclusões cabíveis:

a) A venda fica antes da farmácia, logo, a farmácia fica ...

b) Na contagem geral de medalhas, o Brasil foi além da Argentina, logo, a Argentina ...

c) São Paulo foi fundada em 1554. A cidade do Rio de Janeiro foi fundada em 1564. Portanto, a cidade de São Paulo é .... que a cidade do Rio de Janeiro e a cidade do Rio de Janeiro é .... que a cidade de São Paulo

d) Os produtos da marca Tigre são superiores aos produtos da marca Tubox. Portanto, os produtos da marca Tubox são .... aos produtos da marca Tigre.

e) A proposta da firma VTLS foi considerada mais vantajosa, no geral, do que a proposta da firma Aleph, logo.......................

f) Com seguros e tudo, comprar as turbinas no exterior ficava mais barato do que encomendá-las à indústria nacional. Em outras palavras, ...

g) A música, no restaurante, era mais alta do que os discursos, ou, melhor dizendo, os discursos......... de modo que as pessoas não ouviram discurso nenhum.

h) A cerimônia de formatura foi bem mais rápida do que a missa, de modo que ninguém se cansou, nem foi embora no meio. Em compensação, a missa......................

8. Do fato de que *Pedro é maior que José* pode-se concluir que *José é menor que Pedro* e vice-versa. As expressões maior que e menor que permitem descrever um mesmo estado de coisas invertendo a ordem e sempre que isso acontece falamos em relações recíprocas. Na notícia de jornal que segue, foram assinaladas algumas sentenças. Reescreva essas sentenças, utilizando a relação *recíproca (perder/ganhar, comunicar/ficar sabendo, comprar/vender*, etc.). Verifique em seguida, relendo o texto todo, se ele melhorou ou piorou com as mudanças.

Na mesma moeda

Na final da Copa de 1998, quando o Brasil perdeu para a França, representantes da Stella Barros perceberam que cerca de 700 turistas que haviam comprado um pacote da agência ficariam sem ingresso.

Um de seus guias, então, acompanhado de um advogado da empresa, comunicou a cerca de trezentos hóspedes de um hotel na periferia de Paris que eles seriam uns dos "premiados" ficando sem entradas para a final.

Revoltados, os 300 turistas exigiram os ingressos. Por mais que insistissem, o advogado da empresa dizia que nada poderia ser feito e que, quando voltassem ao Brasil, poderiam processar a agência, se não aceitassem sua proposta para um acordo.

Foi aí que um dos turistas se levantou e ameaçou o advogado:

— Pois bem, se os ingressos não aparecerem, nós cortamos suas orelhas e, se você não aceitar o que nós lhe oferecermos como indenização, pode muito bem nos processar.

Assustado, o advogado entrou em contato com a agência, que se viu obrigada a negociar com os cambistas, <u>pagando até US$ 3 mil por um ingresso</u>. No final, os 300 turistas daquele hotel conseguiram ver o jogo.

(Folha de S. Paulo, 4.5.2000)

9. Um recurso sempre disponível para criar predicados recíprocos é a voz passiva. Diga o que você pensa desta outra versão da mesma história, em que algumas sentenças foram colocadas na voz passiva:

Na mesma moeda 2

Na final da Copa de 1998, quando o Brasil perdeu para a França, foi descoberto por representantes da Stella Barros que cerca de 700 turistas que haviam comprado um pacote da agência ficariam sem ingresso.

Foi então comunicado por um dos guias da agência, que se fez acompanhar de um advogado, a cerca de trezentos hóspedes de um hotel na periferia de Paris que eles seriam uns dos "premiados" ficando sem entradas para a final.

Revoltados, os 300 turistas exigiram os ingressos. Por mais que insistissem, o advogado da empresa dizia que nada poderia ser feito e que, quando voltassem ao Brasil, a agência poderia ser processada, se sua proposta para um acordo não fosse aceita.

Foi aí que um dos turistas se levantou e o advogado foi ameaçado:

— Pois bem, se os ingressos não aparecerem, suas orelhas vão ser cortadas por nós e, se não for aceito por você o que lhe for oferecido como indenização, podemos muito bem ser processados.

Assustado, o advogado entrou em contato com a agência, que se viu obrigada a negociar com os cambistas, pagando até US$ 3 mil por um ingresso. No final, o jogo pôde ser visto pelos 300 turistas daquele hotel.

10. Quando a palavra *mulher* significa "pessoa do sexo feminino" ela indica uma propriedade que carcteriza alguns seres humanos: quando a palavra mulher significa "esposa, companheira" significa uma relação que vigora entre determinadas mulheres (as mulheres casadas) e seu respectivo marido. Observe as sinopses de

filmes abaixo, e diga qual dos dois usos da palavra *mulher* foi feito em cada uma delas.

Jovem para sempre (The Magic Bubble) EUA, 1991, Direção: A. e D. Ringel.
Aos 40 anos, mulher encontra poção mágica que lhe garante eterna juventude. Sua vida muda, ela reencontra a autoconfiança, mas algo nas outras pessoas também se transforma.
Até que o crime nos separe (Till Murder do us Part) EUA, 1991. Direção: D. Lowry.
A mulher faz o homem, o que se pode comprovar pela força que dá a patroa para que seu marido se torne um bem-sucedido advogado. Quando, no entanto, ele resolve trocá-la pela secretária, ela também opta por trocar o ditado e demonstrar que a mulher também desfaz o homem.
A última prostituta (The Last Prostitute) EUA, 1991. Direção: Lou Antonio.
Dois adolescentes viajam até a fazenda onde mora a prostituta (Braga) de cujos encantos um tio tanto falava. O objetivo é perder a virgindade nas mãos da imbatível mulher. Problema: ela largou a profissão, e agora se dedica a criar cavalos. Mas os rapazes não vão entregar os pontos fácil assim.
O milagre do amor (Miracle Child) EUA,1992. Direção: Michael Pressman.
Bebê abandonado é adotado por uma solteirona. Como as coisas começam a melhorar no lugarejo, a mulher passa a acreditar que isso é um milagre. A mãe da criança, porém, reaparecerá.
Day-O – Um amigo de infância (Day-O) EUA, 1992. Direção: Michael Schultz.
Na infância, a pequena Grace sente-se rejeitada pelos pais e cria Day-O, um amigo imaginário. Já mulher crescida, grávida, ainda sentido-se desvalorizada pelo pai, aparece Day-O para lhe dar uma força (mas causará umas tantas e indesejáveis atribulações).
Salto para a felicidade (Overboard) EUA, 1987, Direção: Gary Marshall.
Milionária chega de iate a um lugarejo do interior e contrata carpinteiro, a quem maltrata. Quando ela cai no mar e perde a memória, ele se vinga, dizendo que ela é sua mulher e a mãe de seus quatro filhos endiabrados. A dupla Hawn e Russell, casados na vida real, funciona com perfeição.
Naufrágio no Pacífico (Survive the savage sea) EUA, 1991. Direção: Kevin James Dobson.
No início dos anos 70, ex-fazendeiro parte com mulher e seus quatro filhos para uma sonhada viagem no Pacífico. Mas tudo vira pesadelo quando o barco é atacado por orcas.
Beleza americana (American Beauty) EUA, 1999. Direção: Sam Mendes. Um típico pesadelo urbano: um homem odiado pela mulher e desprezado pela filha está prestes a ser demitido. Ganhador de 5 Oscars.

(Fonte: Folha Ilustrada, *A Tarde* (Salvador) e guia de programação NET)

Tempo

Objetivo

Explorar, intuitivamente, os mecanismos lingüísticos com os quais localizamos os fatos no tempo.

Caracterização geral

Os adjuntos de tempo e as orações subordinadas temporais são utilizados com os tempos do verbo para localizar "no tempo" os fatos de que falamos. (Vale lembrar que os "tempos do verbo", além de indicar tempo, atribuem simultaneamente à frase uma <u>modalidade</u> e um <u>aspecto</u>; ver os capítulos correspondentes).

Material lingüístico

✓ O <u>tempo</u>, quando é expresso pelo verbo, é eminentemente dêitico, ou seja, os "tempos do verbo" situam sempre os acontecimentos em um "tempo de evento" (TE) que é caracterizado como simultâneo, anterior ou posterior ao tempo da fala (TF). Essa localização pode ser direta ou indireta. É direta, por exemplo, no caso do perfeito do indicativo, que situa o acontecimento descrito pela frase em um momento anterior ao da fala. É indireta, por exemplo, no caso do futuro do pretérito, que localiza o evento num momento posterior a uma referência (TR) situada no passado. Veja a diferença comparando estes dois gráficos:

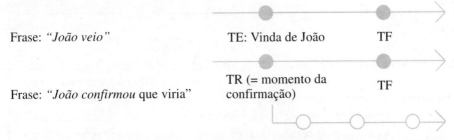

Frase: *"João veio"* — TE: Vinda de João — TF

Frase: *"João confirmou que viria"* — TR (= momento da confirmação) — TF

Possíveis localizações do TE: vinda de João

A localização indireta obriga a considerar, além do tempo de fala e do tempo de evento, um terceiro momento, que tem sido chamado o "momento de referência" (TR).

✓ Alguns valores típicos para os tempos do indicativo:

– presente: TF = TE	(o tempo de fala e tempo de evento são simultâneos).
– imperfeito/perfeito: TE = TR → TF	(o tempo de fala e o tempo de evento, simultâneos, são anteriores ao tempo de fala).
– futuro simples: TF → TR = TE	(o tempo de referência e o tempo de evento, simultâneos, são posteriores ao tempo de fala).
– futuro do pretérito: TR → TF e TR → TE	(há um tempo de referência anterior ao tempo de fala; o evento é posterior a essa referência).
– mais-que-perfeito: TR → TF e TE → TR	(há um tempo de referência anterior ao tempo de fala; o evento é anterior a essa referência).

✓ Para localizar acontecimentos no tempo, a língua utiliza, além da flexão do verbo, os auxiliares de tempo. Os mais importantes auxiliares de tempo são:
– *ter* + particípio passado, que localiza fatos no passado;
– *ir* + infinitivo, que localiza fatos no futuro.

✓ Os adjuntos também têm um papel determinante na localização dos acontecimentos: basta ver que o presente do indicativo, ao lado de determinados adjuntos, assume um valor de passado ou de futuro:
Viajo daqui a um mês. (Verbo no presente + adjunto futuro = a ação se localiza no futuro)
Em 1962 Juscelino inaugura Brasília... (Verbo no presente + adjunto passado = a ação se localiza no passado)

Atividade

Nas transmissões diretas de eventos esportivos (por exemplo, jogos de futebol, vôlei, basquete, corridas de Fórmula 1) os repórteres da televisão e do rádio costumam utilizar o tempo presente, dando a entender que a transmissão acontece simultaneamente aos fatos. Nas reportagens dos jornais, escritas para serem lidas daí a algumas horas, o tempo do verbo é o passado simples. Ouça uma transmissão direta, e, se possível, grave alguns momentos notáveis da transmissão (ou recorra aos noticiários das várias cadeias de televisão, que costumam passar os principais momentos do evento esportivo, exibindo em videotape trechos da reportagem direta); compare o que diz o repórter nesses momentos com o que diz o jornal no dia seguinte.

Exercícios

1. Pense neste exercício como um quebra-cabeça. As sentenças que o compõem provêm de um texto [publicado em *Fapesp-Pesquisa* de maio de 2000], em que se evoca a figura do cientista brasileiro Roberto Landell Moura. As sentenças estão fora de ordem, cabendo a você colocá-las em seqüência para obter um texto coerente, que narre os fatos em ordem cronológica.

a) Afinal, o italiano Guglielmo Marconi, que ficou como o inventor do rádio, só realizaria sua transmissão radiotelegráfica mais de um ano depois.

b) Ali, obteve as patentes de três inventos: a telefonia sem fio, a telegrafia sem fio e o transmissor de ondas.

c) De novo, desinteresse geral.

d) E Landell de Moura foi para os Estados Unidos.

e) Em São Paulo, o padre gaúcho Roberto Landell de Moura (1861-1928), então um simples vigário em Campinas, faz uma demonstração de um invento seu, que permitia, segundo ele, a uma pessoa falar com outra a muitos quilômetros de distância, sem a necessidade de fios, mas utilizando-se de ondas de rádio.

f) Era a primeira vez no mundo que se fazia tal experimento.

g) Era o ano de 1893.

h) Foi notícia no New York Herald e industriais norte-americanos tentaram adquirir os direitos dos aparelhos.

i) Mas de fato, da avenida Paulista, ele realiza, com sucesso, a experiência, comunicando-se com Alto de Santana, a cerca de oito quilômetros.

j) Ninguém deu importância à façanha do padre, que ganharia fama de feiticeiro.

k) O padre recusou.

l) Os benefícios deveriam ser do Brasil.

m) Poucos acreditaram.

n) Seu laboratório em Campinas foi destruído por fanáticos e somente em 1900 ele conseguiu obter no Brasil a patente de seu invento.

o) Mas aqui, mais uma vez, ninguém o apoiou.

Reflita sobre as razões que levaram você a escolher "a ordem que faz sentido".

2. As formas em -*ria* do verbo em português (como *eu cantaria, eles diriam*, etc.) foram objeto no passado de uma célebre polêmica entre vários gramáticos, que queriam propor para ele uma denominação "perfeita". De um lado, estavam os que chamavam essas formas de "condicional"; de outro, os que preferiam a denominação "futuro do pretérito". Se você considerar os exemplos que seguem, verá que as duas denominações são necessárias. Explique.

> Quando a Coluna Prestes entrou no Ceará, no início de 1926, o deputado Floro Bartolomeu Costa – após breve consulta ao padre Cícero – resolver enviar um mensageiro atrás do famigerado cangaceiro Virgulino Ferreira da Silva, o Lampião. Em troca da patente de capitão e de um suprimento de rifles Mauser, o rei do cangaço enfrentaria os homens de Prestes. Se pudesse abandonar suas funções políticas, Floro certamente partiria para o sertão para enfrentar o inimigo. Afinal, uma década antes, ele mesmo fora capaz de vencer o próprio Exército nacional.
>
> Formado em Medicina, o dr. Floro Costa chegara ao vale do Cariri em 1908. Abriu um consultório e uma farmácia, e logo se tornou amigo de todos os homens influentes de Juazeiro e aliado do padre Cícero. Graças a seus dotes militares e espírito de liderança, tornou-se chefe de um bando de jagunços e se revelou capaz de vencer todos os combates nas guerras travadas entre os coronéis locais. Seu exército logo se tornaria o exército privado do "Padim Ciço".
>
> Em 1912, quando a "política das salvações" do presidente Hermes da Fonseca chegou ao Ceará com o objetivo de derrubar o oligarca Nogueiro Accioly da presidência do Estado, Floro, o Padim Ciço e seus jagunços concluíram que chegara a hora de o Brasil ouvir falar deles.
>
> Em 1914, Floro tomou fortaleza, derrubou o presidente nomeado por Hermes e devolveu o poder à oligarquia Accioly. Não houve reação.

(adaptado da História do Brasil da Folha de S. Paulo)

3. O texto do exercício 2 dispõe os fatos narrados numa ordem "não-linear": Floro Bartolomeu Costa é apresentado, no primeiro parágrafo, como autor da iniciativa de mandar um emissário a Lampião, para envolvê-lo na guerra contra a Coluna Prestes (1926). Os demais fatos narrados são anteriores a essa iniciativa. Releia o texto, e situe na linha do tempo os demais episódios da vida de Floro Costa.

```
          ┌──────────────────────┐
          │  Floro Bartolomeu Costa │
          │   resolve enviar um    │
          │  mensageiro até Lampião │
          └──────────────────────┘
                      /
                     /
─────────────────────────────────────────────────>
                  1926                    hoje
```

4. A partir dessa localização, procure mostrar que o ponto a partir do qual o autor do texto representa os fatos como contemporâneos, anteriores ou posteriores, se desloca constantemente no texto e que isso tem conseqüências para o uso do mais-que-perfeito ou do futuro do pretérito.

5. O pretérito perfeito do português indica fato passado em relação ao momento de fala, mas não informa que distância separa o momento de fala do fato descrito. Procure localizar no tempo os fatos enumerados a seguir. Reescreva as frases em seguida, em ordem cronológica. Passe um traço, separando as frases que indicam fatos "recentes" das que indicam fatos antigos.

- O homem deixou de andar de quatro e assumiu a posição ereta.
- Nos últimos dois anos, a balança comercial dos Estados Unidos foi deficitária; a do Brasil, também.
- O Infante Dom Henrique instalou sua escola de navegação no Promontório de Sagres.
- Santos Dumont deu a volta na torre Eiffel a bordo de um balão.
- Ayrton Senna morreu depois de chocar-se contra um muro, durante a corrida de San Marino.
- Um dos companheiros de Alexandre, o Grande, Xenofonte, descreveu no livro *Anábasis* o retorno do exército grego ao Mediterrâneo, depois da morte do líder.
- Oswaldo Cruz lançou uma campanha pelo saneamento do Rio que despertou a revolta popular, porque impunha a obrigação de usar sapatos.
- Fernando Collor de Mello confiscou a poupança da população, a pretexto de debelar a inflação e suspender a chamada "ciranda financeira".
- A TV Globo apresentou no último domingo mais uma edição do "Fantástico".

6. O perfeito do indicativo é normalmente usado para descrever fatos ou estados que foram verdadeiros no passado, isto é, em algum momento (ou período) anterior ao momento de fala. Mas há exceções. Pense por exemplo nestas frases. Como as entende?

- Bobeou, dançou.
- Escreveu, não leu, o pau comeu.
- Ajoelhou, tem que rezar.
- Falou, está falado.
- Quebrou, pagou.
- Chorou, apanhou.
- Reclamou, está despedido.

7. Em português, não é sempre clara a distinção entre os adjuntos de tempo que identificam um <u>momento</u> e os que identificam um <u>período</u>. Classifique os adjuntos grifados do texto a seguir numa destas três situações:
   a) Indicam momento;
   b) Indicam período;
   c) Dúvida (neste caso, explique o que deixou você em dúvida).

Rio tomba murais do 'Profeta Gentileza'

Os 55 pilares do viaduto do Gasô-metro (na zona portuária do Rio) que contêm os escritos deixados por José Dantrino, o "profeta Gentileza", serão <u>tombados</u> para preservação dos murais.

Gentileza foi um personagem do Rio. Andarilho, messiânico, passou 35 anos nas ruas pregando a gentileza e suas virtudes, e se autodenominou "profeta". Aos que o chamavam de lou-co respondia: "Sou maluco para te amar e louco para te salvar."

A vida de Gentileza <u>mudou quan-do o Circo Americano pegou fogo em Niterói,</u> em 1961, matando mais de 500 pessoas, a maioria delas crianças. <u>Até então</u> ele vivia com a mulher e cinco filhos na Pavuna (zona norte do Rio) e tinha uma pequena empresa de trans-porte de carga, com dois caminhões.

Seis dias depois do incêndio, ante-véspera do Natal, ele acordou ouvindo "vozes astrais" que o mandavam aban-donar o mundo material e se dedicar apenas ao espiritual. Ele pegou um de seus caminhões e foi para o local do incêndio. Plantou jardim e horta sobre as cinzas, e viveu ali <u>quatro anos.</u>

Maria Alice Dantrino, 55, sua filha mais velha, tinha 17 anos <u>quando ele decidiu abandonar a casa.</u> "A primeira coisa que fez foi soltar os passarinhos das gaiolas. <u>Depois</u>, saiu dizendo que tinha uma missão a cumprir", conta ela.

(*Folha de S. Paulo*, 8.5.2000)

8. O texto a seguir foi extraído da revista *Almanaque Brasil de Cultura Popular*, distribuída como brinde nos vôos da TAM. Leia-o, e faça em seguida as atividades recomendadas.

Quem matou Delmiro Gouveia?

O mistério permanece em Água Branca, Alagoas. Quem disparou três tiros na noite de 10 de outubro de 1917? Sabe-se apenas que as balas zuniram na escuridão e a terceira acertou o peito de Gouveia. Morria o pioneiro da industrialização do Nordeste.

Cearense de origem humilde, aos 20 anos vai trabalhar em filial de curtume americano no Recife. Em 1895, compra as instalações e, três anos depois, é o "rei das peles". Faz experimentos inéditos com cruzamento de gado e funda a primeira fiação da América Latina, a Estrela.

Aproveita o potencial da cachoeira de Paulo Afonso e leva eletricidade até as casas dos trabalhadores, antes mesmo de ela chegar à capital pernambucana.

Inaugura mercado-modelo, com instalações modernas e preços abaixo dos da concorrência. O empreendimento dura quatro meses: é incendiado pela polícia.

A produção da Estrela cresce, e com isso, aumenta a pressão da companhia inglesa Machine Cottons, que quer comprar a fábrica a todo custo. Ele se recusa a discutir a oferta.

É assassinado aos 54 anos.

Como você terá observado, embora trate de fatos ocorridos há mais de cem anos, boa parte dessa história foi contada no "presente histórico": *vai trabalhar*, *compra*, *é o rei das peles*, *faz experimentos*, *funda*, *aproveita*... Reescreva-a usando apenas os tempos do passado. Releia em seguida o seu texto e procure explicar: que verbos foram para o imperfeito? Que verbos foram para o perfeito? Por quê?

9. No final do século XVIII, o gramático português Jerônimo Soares Barbosa descreveu assim um dos tempos verbais do indicativo:

> Este pretérito nota uma existência não só passada, como o pretérito imperfeito, e não só passada e acabada indeterminadamente, como o pretérito absoluto, e não só passada e acabada relativamente à época atual, como o presente perfeito; mas passada e acabada relativamente a outra época também passada, mas há mais tempo, e marcada por um tempo determinado, ou por um fato, quer expresso, quer subentendido, como quando digo: ontem ao meio dia, tinha eu acabado esta obra; onde meio-dia é a época a respeito da qual, e antes dela já era passada e acabada a obra. E quando digo: eu tinha saído quando ele entrou; a entrada é também uma época pretérita a respeito da presente em que estou falando. Mas minha saída não é só anterior e passada, mas ainda concluída e acabada, a respeito da dita entrada.

(Grammatica Philosophica)

Nota: o pretérito absoluto é o que chamamos hoje "pretérito perfeito"; o presente perfeito é exemplificado por formas como "tenho dito", pronunciada no final de um discurso.

Esclareça: de que tempo verbal fala Soares Barbosa nessa passagem? Mostre que para Soares Barbosa o tempo verbal em questão faz sempre uma localização **relativa** da "existência" (isto é, da ocorrência – fato ou estado de coisas) descrita pelo verbo.

10. Localizar situações no tempo não é característica exclusiva dos verbos: algumas construções que envolvem nomes podem, ocasionalmente, realizar a mesma função. As notícias que seguem têm em comum uma dessas construções. Aponte-a, explique o que significa, e aproveite para sugerir modificações na redação, se você achar que ela precisa ser melhorada.

Passagem do tempo

A reportagem "Queda de renda esvazia av. Celso Garcia" (Cotidiano, 28/2) é documento dramático de um tempo. A foto da primeira página, com um mendigo em primeiro plano na solidão da ex-importante via deserta, é digna de Salgado, de Bresson.

A grande realização da era FHC é a maior rede de franquia do mundo: a rede "passo-o-ponto".

Hugo Maia (São Paulo, SP)

(*Folha de S. Paulo*, 29.2.2000, coluna Painel do Leitor)

Ex-aluno do Colégio Arquidiocesano, com muito orgulho.

(Adesivo lido num automóvel, a cidade não importa)

Até os anos 50, a nação vizinha era a promessa de ser a maior economia da AL.

(Título de uma reportagem sobre a Argentina em *O Estado de S. Paulo*, abril de 2000)

Vagueza

Objetivo

Chamar a atenção para o fato de que a linguagem é intrinsecamente indeterminada, e para alguns recursos mediante os quais os falantes controlam essa indeterminação.

Caracterização geral

Diz-se que uma palavra é vaga quando não existe um critério único e seguro para decidir a que objetos a aplicaríamos. Um exemplo é o adjetivo *alto*: é muito difícil estabelecer o que signifique *alto* sem pensar em objetos de um tipo determinado (um prédio alto mede muito mais do que uma árvore alta etc.); mas mesmo que pensemos em objetos de um único tipo, por exemplo todos os seres humanos, distinguir entre eles os indivíduos altos só é possível mediante uma decisão até certo ponto arbitrária: seriam altas as pessoas com mais de 1,80 m? Com mais de 1,90 m? com mais de dois metros?...

Material lingüístico

✓ Há pelo menos dois tipos de vagueza: a que nos obriga a fixar limites ao longo de uma mesma escala de grandezas e a que nos leva a considerar escalas de grandeza diferentes. Para confirmar se uma certa pessoa é alta, sabemos que se trata de medir quantos centímetros mede dos pés à cabeça, embora possamos ter dúvidas em declará-la alta se essa medida não for muito superior à média. Quando dizemos de alguém que é inteligente, podemos estar pensando em coisas diferentes que já foram chamadas "inteligência": a capacidade de encontrar soluções para problemas novos, a habilidade em descobrir leis gerais, a capacidade de expressão, etc.

✓ A vagueza afeta palavras de todos os tipos:
– Substantivos (toda montanha tem um cume, mas onde começa o *pé da montanha*?)

– Adjetivos (a quantos graus deve estar a água, para ser qualificada de quente?)
– Advérbios (o que significa *levantar cedo?* e *morar perto?*)

✓ Controlamos a vagueza de várias maneiras:
– Recorrendo a estipulações, convenções. Pensemos, por exemplo, no que seria uma epidemia de meningite: um primeiro caso é comprovado, depois um segundo, e assim por diante. A partir de que ponto temos uma epidemia? Os sanitaristas começam a falar de epidemia quando o número de casos observados ultrapassa uma determinada porcentagem da população, na região estudada;
– Comparando o indivíduo em questão com outros, dentro de um certo grupo: mesmo que não saibamos o que é alto em termos absolutos, podemos, por exemplo, determinar qual é o aluno mais alto da classe;
– Remetendo à média do grupo ao qual o indivíduo em questão pertence. Alto para um jogador de basquete não é a mesma coisa que alto para um piloto de Fórmula 1. Alto para um nórdico não é a mesma coisa que alto para um pigmeu.

Atividade

A noção do que seria *perto* ou *logo ali* é muito diferente para as pessoas da cidade grande e da cidade pequena, da cidade e da roça, como mostra uma história de que foram protagonistas um advogado e um caipira. O caipira foi chamado a atuar como testemunha de defesa num julgamento, confirmando que o acusado não poderia ter percorrido uma determinada distância entre o momento em que foi visto no centro do povoado, e o momento em que ocorreu o crime, numa fazenda da região. Durante o julgamento, o advogado pede que o caipira dê informações objetivas sobre a distância, e o caipira, usando de sua própria noção de distância, responde: "A fazenda é logo ali, só um tirinho". O advogado perde a causa e aprende que a linguagem é mais complicada do que parece.

Converse com pessoas conhecidas e descubra se alguma dessas pessoas já viveu alguma situação em que uma diferença de entendimento sobre o que é "perto" ou "longe", "cedo" ou "tarde", "muito" ou "pouco" causou algum tipo de desentendimento.

Exercícios

1. No texto a seguir, extraído do *Jornal de Fato* (Campinas) de 10 de maio de 1992, localize a passagem em que se estipula o que vem a ser uma pessoa gorda,

do ponto de vista dos médicos. (Se quiser, reescreva o texto, cuja redação apresenta vários problemas).

Saiba o que é gordo ou magro para a medicina e as doenças ligadas à magreza

Quem estiver em dúvida quanto ao seu nível de magreza basta usar uma fórmula e com duas simples contas tirá-las. Divida seu peso pela sua altura ao quadrado e saber o índice de sua massa corporal. Para a medicina, é considerado magro quem obter um índice abaixo de 20 pontos. Acima de 25, gordo e entre 20 e 25 você é normal.

Segundo o endocrinologista, Walter José Minicucci, a margreza não é problema de saúde, mas o indivíduo magro possui uma resistência menor em doenças infecciosas como pneumonia, gripes.

Doenças como diabete, hipertireoidismo, câncer, tuberculose e Aids estão muito ligadas à perda de peso.

De acordo com essa estipulação, você é gordo ou magro? Você se considera gordo (ou magro) por seus próprios critérios?

2. Tente estabelecer uma ordem "objetiva" entre os vários sentidos do (mesmo) adjetivo:
    a) Velho, para um ser humano, para um cachorro, para uma borboleta;
    b) Quente, para a água da torneira (de água fria), para a água do banho, para a água de uma panela de pressão;
    c) Veloz, para um carro de passeio, para um avião a jato, para um corredor da São Silvestre;
    d) Caro, para uma blusa, para uma rodada de cerveja na festa de formatura, para um metro quadrado de terra em Rondônia, para um metro quadrado de terra na Avenida Paulista, em São Paulo;
    e) Grande, para uma fazenda em Goiás, para um sítio na periferia de São Paulo, para um município em São Paulo, para um estado da federação;
    f) Forte, para um vinho, para um licor doce e para uma cachaça de alambique.

3. Tente trocar esses adjetivos por números:
- Hipertenso
- Anêmico
- Bêbado (pense no teste do bafômetro)
- Febril
- Maior de idade
- Murcho (para um pneu de carro de passeio)

- Peso pesado (para um pugilista)
- Cheio (para o pneu de um Gol, ou para um caminhão)

4. Que diferença há entre as duas frases do par? Qual dos dois é mais?
- Barrichello é alto para um piloto de Fórmula 1./Oscar é alto até para um jogador de basquete.
- Joaquim é ativo para um velho de 70 anos./Joaquim era excepcionalmente ativo quando tinha 20 anos.
- O Ângelo é espalhafatoso./O Ângelo é espalhafatoso até para um italiano.
- O Jurandir é pouco pontual até para um brasileiro./O Angus é pouco pontual para um britânico.
- O Sean é pão-duro./O Sean é pão-duro até para um escocês.

5. Desconversar, dar respostas evasivas é uma arte, e em certos casos pode ser uma virtude. Normalmente, as respostas evasivas omitem informações e quase sempre utilizam expressões vagas. Procure lembrar-se de um diálogo em que um dos falantes fez uma pergunta embaraçosa e o outro respondeu evasivamente, mas sem mentir. Procure esclarecer qual foi a informação que o primeiro informante procurava obter, e que o segundo informante conseguiu omitir em sua resposta.

6. Tente responder:
   Quantas andorinhas são necessárias para fazer verão?
   Com quantas pessoas se faz uma multidão?
   Com quantas árvores se faz uma floresta?
   Quantos cabelos precisam cair para alguém ficar careca?
   Quantos socos são necessários para dar uma surra em alguém?
   Quantos carneiros são necessários para formar um rebanho?

7. Os psicólogos, os médicos, os educadores, os pais trabalham com conceitos de "adolescência" parcialmente diferentes. Procure lembrar alguns desses diferentes conceitos; pense qual deles ajuda a entender a idéia de "eternos adolescentes", que é central no texto abaixo:

> Nos anos mais efervescentes das décadas de 60 e 70, a palavra de ordem da juventude era pôr o pé na estrada. Isso significava romper com os valores estabelecidos da sociedade, entre eles a família, e ir em busca de seus sonhos, mesmo quando estes não eram muito claros. Visto hoje, parece compreensível. Além de um mundo que pedia reformas, havia um abismo entre esses jovens e a geração de seus pais. Sair de casa acabou virando sinônimo de liberdade. Mesmo que para isso tivessem que trocar o conforto familiar por uma república de estudantes ou compartilhar um apartamento com vários amigos. Os mais psi-

codélicos integravam-se em comunidades hippies ou adaptavam-se ao espaço de uma barraca de acampamento. Pelo sonho de ser livre, tudo era válido, para usar uma expressão da época. [...]

O tempo passou e os filhos daquelas gerações rebeldes comportam-se hoje de forma diametralmente oposta. Ao contrário de seus pais, os jovens atuais não têm mais tanta pressa em sair de casa. A maioria, aliás, nem pensa no assunto. São os representantes da chamada "geração canguru" que resistem a abandonar a comodidade da casa paterna do mesmo modo que o filhote marsupial agarra-se à bolsa protetora da mãe. Alguns, mais folgados, não arredam da barra da saia nem mesmo depois que casam e têm filhos. Com isso, um novo fenômeno surgiu: o prolongamento da adolescência. Cada vez aumenta mais o número de jovens entre 20 e 30 anos acomodados à situação de eternos adolescentes. Muitos deles, contando sempre com a retaguarda dos pais, acabam não assumindo as responsabilidades inevitáveis da vida adulta. "Os pais de hoje são os jovens de ontem, que lutaram por ideais de liberdade política e igualdade social, derrubaram tabus sexuais, participaram do movimento estudantil, ou, ao menos, foram profundamente influenciados por tudo isso", lembra a educadora carioca Tânia Zagury, professora adjunta da Universidade Federal do Rio de Janeiro e autora de vários livros de orientação educacional, entre eles Encurtando a Adolescência. "Os jovens de agora herdaram tudo isso de bandeja. Não há mais um confronto de gerações tão acirrado. Os pais procuram dar a eles a liberdade que não tiveram em seu tempo. Os filhos fazem o que bem entendem, não dão satisfação de horários, têm seu próprio carro e muitos levam seus namorados para transarem em casa. Além disso, têm comida na hora, roupa lavada e passada. Que razão teriam para abrir mão de tudo isso?"

(Cláudio Fragata Lopes, "A doce vida dos filhos cangurus" Galileu, jun.1999, p. 47)

8. As chamadas "doenças modernas" (dependência de drogas, estresse, vários tipos de fobias e pânico, hipertensão, má postura, obesidade de uns, carências alimentares de outros) não são consideradas verdadeiras doenças, por muitas pessoas. Se você fosse um médico do trabalho, em que casos dispensaria seus pacientes de comparecer ao serviço, por um desses motivos?

9. No dia 12 de junho de 2000, os cadernos de esporte dos principais jornais do Brasil dedicaram reportagens de página inteira ao tenista Gustavo Kuerten, o Guga, que, na véspera, havia vencido o torneio de Roland Garros, tornando-se com isso o primeiro tenista na chamada "corrida dos campeões". Como de hábito, essas reportagens eram anunciadas na primeira página por textos mais breves. Veja estas passagens transcritas do jornal O Estado de S. Paulo, e faça em seguida os comentários pedidos.

[caderno de esportes interno]

GUGA NO TOPO DO MUNDO

Com o bicampeonato em Paris, o "roi de France"
assume a liderança da corrida dos campeões

CHIQUINHO LEITE MOREIRA (Especial para o Estado)

Paris – Com banho de champanhe em plena quadra central, Gustavo Kuerten foi coroado como "roi de France", ao conquistar o bicampeonato de Roland Garros, o Aberto da França, com uma impressionante vitória sobre o sueco Magnus Norman por 3 sets a 1, parciais de 6/2, 6/3, 2/6 e 7/6 (8/6). Com a emocionante vitória, Guga subiu ao topo do ranking da corrida dos campeões da Associação dos Tenistas Profissionais (ATP) e, pela primeira vez na história, um brasileiro realiza a façanha de assumir a posição de número 1 do tênis mundial.

"Realizei novamente um grande sonho", celebrou Guga. "Mais uma vez meu nome entra para a história, agora como bicampeão de Roland Garros." A conquista valeu ao brasileiro 200 pontos para a lista da corrida dos campeões que, assim, destronou Magnus Norman da posição de número 1. O título também rende ao tenista a condição de um dos maiores ídolos do esporte brasileiro, numa modalidade que ele mesmo conseguiu popularizar, atraindo o interesse do grande público.

Majestade – "Não me sinto um grande ídolo", comentou Guga. "Mas fico feliz por levar alegria a muita gente a cada torneio que conquisto." Em Paris, Guga mostrou o seu lado carismático. Muitos brasileiros vieram especialmente para vê-lo em ação em Roland Garros. Em sua última edição, o boletim oficial da competição estampou "Kuerten, roi de France" revestindo de majestade a façanha do brasileiro na quadra...

[primeira página]

GUGA É BICAMPEÃO NA FRANÇA

Com uma emocionante vitória sobre o sueco Magnus Norman por 3 sets a 1, parciais de 6/2, 6/3, 2/6 e 7/6 (8/6) Gustavo Kuerten, o Guga, conquistou ontem o bicampeonato de Roland Garros, o Aberto da França, tomou um banho de champanhe em plena quadra central e foi coroado como "roi de France". Guga subiu ao topo do ranking da corrida dos campeões da ATP e, pela primeira vez na história, um brasileiro realiza a façanha de assumir a posição de número 1 do tênis mundial. "Não me sinto um grande ídolo", disse. "Mas fico feliz por levar alegria a muita gente a cada torneio que conquisto." Muitos brasileiros foram a Paris para ver Guga jogar. O Presidente FHC mandou telegrama ao atleta: "Caro Guga: Parabéns. Você continua nos enchendo de orgulho". Agora Guga sonha com uma medalha nas Olimpíadas de Sidney, em setembro.

a) O texto do Caderno de Esportes trata do mesmo acontecimento, mas é bem mais longo. O que o torna mais longo?

b) Qual dos dois textos nos dá o melhor perfil do novo campeão?

c) Qual dos dois textos nos dá o melhor conjunto de informações objetivas sobre a vitória de Guga?

d) Compare os dois textos, e avalie, globalmente, qual dos dois é mais "informativo" (entenda "informativo" como uma relação custo/benefício: o texto informativo é aquele que nos permite saber mais coisas que antes não sabíamos, com um uso menor de espaço).

Impressão e acabamento: **GRÁFICA PAYM**
Tel. (011) 4392-3344